NEUKIRCHENER

Ingo Baldermann

Ich glaube

Erfahrungen mit dem Apostolischen Glaubensbekenntnis

2. Auflage 2005

Neukirchener

Neukirchener Verlag
Verlagsgesellschaft des Erziehungsvereins mbH, Neukirchen-Vluyn

Umschlaggestaltung: Hartmut Namislow
Druckvorlage: Andrea Siebert
Gesamtherstellung: MVR Druck, Brühl
Printed in Germany
ISBN 3–7887–2052–2

Bibliografische Information Der Deutschen Bibliothek

Die Deutsche Bibliothek verzeichnet diese Publikation in der Deutschen Nationalbibliografie; detaillierte bibliografische Daten sind im Internet über http://dnb.ddb.de abrufbar.

Inhalt

Vorwort

Was glauben wir wirklich? Dietrich Bonhoeffer hat sich in der Haft noch im Spätsommer 1944 eine kritische »Bestandsaufnahme des Christentums« vorgenommen. In deren Zentrum steht die Frage: »Was glauben wir wirklich? d.h. so, dass wir mit unserem Leben daran hängen?« (WE 415) Er verweist in seiner ersten Skizze dazu auf das »Problem des Apostolikum«. Er hat diese Arbeit nicht mehr schreiben können.

Seine Frage fordert einen anderen Umgang mit dem Glaubensbekenntnis als den einer kritisch-historischen Erklärung. Seine Frage geht aufs Ganze. Das Kriterium ist, ob wir wirklich »mit unserem Leben daran hängen«. So fragt er in der Enge einer Haft mit ungewissem Ausgang, in einer vom Bombenkrieg immer heftiger heimgesuchten Stadt, in der Hoffnung auf die baldige militärische Niederlage Hitlers und zugleich in Erwartung der unweigerlich damit verbundenen Zerstörungen – als einer, der »das Leben und die Erde so liebt, dass mit ihr alles verloren und zu Ende zu sein scheint« (WE 175). Das gibt seiner Frage eine Dringlichkeit ohnegleichen.

In Mitteleuropa leben wir jetzt schon eine lange Zeit im Frieden, doch zugleich in dem Bewusstsein weltweit eskalierender Konflikte und Katastrophen. Täglich von appellierenden Worten überschüttet, suchen wir nach Orientierung, und zwischen Ohnmachtserfahrungen und einem zugleich verführerischen und lähmenden Überangebot von Möglichkeiten fragen wir, wofür es sich wirklich lohnt, zu leben und Zeit hinzugeben. Das ist eine andere Form der gleichen Frage, lebensnotwendig wie damals: was wir denn wirklich glauben, so dass wir mit unserm Leben daran hängen.

Für den Umgang mit dieser Frage bot sich das so genannte Apostolische Glaubensbekenntnis an, nicht nur weil Bonhoeffer es unmittelbar damit verbindet. Das Apostolische Bekenntnis sprechen wir Sonntag für Sonntag im Gottesdienst als Zeichen weltweiter ökumenischer Verbundenheit; es ist wie ein Maßstab, entstanden in einer Zeit, in der die noch jungen christlichen Gemeinden sich und der Welt Rechenschaft über diese Frage geben mussten: Was glauben wir wirklich? Entsprechend kritisch reflektiert, konzentriert und genau antwortet es auf diese Frage, ohne Umschweife und ohne auch nur ein einziges überflüssiges Wort. Ich war immer wieder überrascht von seiner geradezu monumentalen Größe und Strenge, die ahnen lässt, welches Gewicht die Erfahrungen haben, die hier eine angemessene Sprache allererst suchen mussten. Mit seiner hellsichtig scharfen Kritik an einer schon damals postmoderner Hoffnungslosigkeit hingegebenen Gesellschaft ist es uns noch immer weit voraus.

Ursprünglich war Bonhoeffers Frage: Was glauben wir wirklich? als Titel dieses Buches vorgesehen. Die Frage bezeichnet das innerste Thema seiner theologischen Überlegungen in der Haftzeit, doch gerade so erschien es mir am Ende unerlaubt, wie eine Enteignung, seine Frage zum Titel meines Buches zu machen. Wie viel ich ihr verdanke, wird – so hoffe ich – das Buch selbst zeigen.
So wie Dietrich Bonhoeffer mit seiner Frage »Was glauben wir wirklich?« diese Überlegungen angestoßen hat, so hat er sie auch mit den oft aphoristischen, von uns noch längst nicht aufgearbeiteten Impulsen begleitet, die sich in seinen Briefen aus der Haft an den Freund Eberhard Bethge finden. Sie werden durchweg nach der seit 1970 im Chr. Kaiser Verlag erschienenen Neuausgabe »Widerstand und Ergebung« mit dem Kürzel WE zitiert, die ihnen nahe stehende Ethik nach Dietrich Bonhoeffer, Werke Bd. 6, München ^{2}1998.

Siegen, im April 2004 *Ingo Baldermann*

0 Ich glaube

0.1 Alltägliches Vertrauen

Glauben und Vertrauen gehören zu den erstaunlichen Selbstverständlichkeiten unseres Lebens. In ganz alltäglichen Dingen sind wir darauf angewiesen. Wir müssen vertrauen, anders können wir nicht leben. Ich würde keinen Schritt tun ohne das Vertrauen, dass mein Fuß auf festen Boden tritt. Ich würde kein Wort sprechen ohne das Vertrauen, dass andere Menschen meine Worte verstehen.

Ich stehe am Morgen auf in dem Vertrauen, dass sich alles, was ich beginne, in einen sinnvollen Zusammenhang einfügt. Ich esse und trinke in dem Vertrauen, dass die Nahrung mein Leben erhält und nicht beschädigt. Ich vertraue darauf, dass trotz allem auch noch die Generation unserer Kinder und Enkel auf dieser Erde leben kann, und arbeite dafür, so gut ich kann. Ja, ich kann meiner Sehnsucht Flügel geben und sie weit ausschweifen lassen bis zum äußersten Meer, im Vertrauen darauf, dass »auch dort deine Hand mich halten« wird (Ps. 139,9f). Die Bereitschaft zu vertrauen gehört zum Menschlichsten des Menschen.

Doch es gibt Erfahrungen, die das selbstverständliche Vertrauen stören. Auf einmal verliere ich den Boden unter den Füßen und breche ein. Das kann durch Anstöße von außen kommen, aber auch aus meiner eigenen Seele, die manchmal in ihren Träumen wie in einer Landschaft beängstigender Zerstörungen umherirrt. Bei der Fülle gewalttätiger Bilder, die ihr der Bildschirm täglich aufdrängt, und bei den grauenhaften Erinnerungen, die wir mit uns tragen, ist das kein Wunder.

Im jüdischen Museum in Berlin führt mich der Weg in den »Garten des Exils«: Der Boden unter meinen Füßen ist abschüssig, und alles ist fremd. »Boden unter den Füßen hat keiner« – das Wort von Franz Rosenzweig klingt wie eine hellsichtige Vorwegnahme. Martin Buber fand solche Erfahrungen schon in den Psalmen: »Wiederkehren lass meine Seele aus ihren Verwüstungen«, so übersetzte er im 35. Psalm die Zeile, in der das mit schweren Erinnerungen beladene Wort *schoa* erscheint (V. 17).

Solche Erfahrungen fragen mich, worauf ich denn nun wirklich traue. Manchmal kann ich mit dieser Frage meine Seele disziplinieren, wenn sie aus nichtigem Anlass in Panik zu fallen droht. Manchmal aber packt mich die Angst so, dass ich nicht ausweichen kann, und ich muss lernen zu unterscheiden, wo wirklich Zuflucht ist und wo nur Vertröstung. Zuletzt ist es der Tod, der mich so fragt, manchmal von fern und noch wie verkleidet, manchmal bestürzend nah.

In den Notizen, die Dietrich Bonhoeffer in seiner Haft niedergeschrieben hat, steht diese Frage, und dort, wenige Monate vor seinem Tod, entsprechend scharf zugespitzt. Er sammelt Gedanken zu einer Arbeit, in der er der Frage nachgehen will: »Was glauben wir wirklich? d.h. so, daß wir mit unserem Leben daran hängen?« (WE 413ff) Er stellt sich die Frage: »Was ist eigentlich christlicher Glaube?« zuerst als Theologe, der sich im Beruf unter den besonderen Herausforderungen seiner Zeit damit auseinander setzen muss. Doch in der Enge der Haft, deren Ausgang ungewiss ist, wird es zugleich seine ganz persönliche Frage: was denn für ihn (er sagt: für uns) daran wirklich zum Leben notwendig ist.

Immer deutlicher wird, dass auch wir dieser Zuspitzung der Frage nicht mehr ausweichen können. Wir befinden uns nicht in Untersuchungshaft und werden doch täglich behaftet bei der Frage nach unserem Glauben. Sie kommt ausdrücklich oder wortlos auf uns zu, aus der Öffentlichkeit oder aus persönlichen Begegnungen, von außen oder aus mir selbst, aus meinen Selbstzweifeln und Fragen, sie wird manchmal kopfschüttelnd und verständnislos gestellt, manchmal bohrend, und manchmal auch schon ohne die Erwartung einer Antwort.

Wir finden uns in einer Gesellschaft, die Erfahrungen verarbeiten muss, für die in den überlieferten Sätzen des Glaubens kein Raum zu sein scheint. Nach einem Punkt verlässlichen Vertrauens wird durchaus gesucht und gefragt, doch in der täglichen Konfrontation mit grauenhaften Bildern der Unmenschlichkeit und im Konflikt mit den Verheißungen eines alles durchdringenden Aberglaubens erlischt die Bereitschaft zu einfachem Vertrauen.

Der alltägliche Konsum wird im Angesicht der Katastrophen mit religiösen Verheißungen ausgestattet; ich soll im Konsum erfahren, was Leben ist, ewige Jugend, unendliches Glück, Genuss ohne Reue, ja Erlösung. Mit erstaunlicher Unbefangenheit greifen die Werbetexter dabei auf biblische Sprachmuster zurück, und da die Seele noch immer voller Sehnsucht nach den großen Verheißungen ist, kann oder will sie oft gar nicht entdecken, wie sie mit alledem nur noch als Verbraucherin angeredet und manipuliert wird.

Gewiss: Wir leben gänzlich anders als Bonhoeffer nicht in der Enge einer Zelle, die nicht einmal den Füßen genug Auslauf lässt. Wir leben in einer scheinbar uferlosen Freiheit, in der wir aber unversehens den Boden unter den Füßen verlieren. Am Ende wird uns die von den Medien so beflissen in die Fiktion abgedrängte Wirklichkeit des Todes, wenn sie uns leibhaftig begegnet, unausweichlich vor diese Frage stellen: Woran glauben wir wirklich?

0.2 Vertrauen als Wirtschaftsfaktor

Inzwischen haben auch Wirtschaftsmanager und Politiker den einzigartigen ökonomischen Wert des Vertrauens neu entdeckt. Das war vor noch gar nicht so langer Zeit völlig anders. Wer da öffentlich von Vertrauen redete, disqualifizierte sich damit selbst als politischer Erbauungsredner. Jetzt werden wir schon seit Jahren ständig beschworen, in zunehmender Intensität, doch ja endlich wieder zu vertrauen und bereit zu sein – zu gesteigertem Konsum. Ohne unser Vertrauen könne es keinen Aufschwung geben.

Regelmäßige Erhebungen testen genau, in Prozentpunkten nachweisbar, das Ausmaß schwindenden oder nun wieder wachsenden Vertrauens in den Schaltzentren der Wirtschaft. Und an der Börse, dem Nervenzentrum des großen Geldes, entscheidet sich alles daran, ob die Anleger den Verheißungen der Prognosen vertrauen oder nicht. Dabei geben sich die Funktionäre des Geldes gern als Vertreter kühl kalkulierender Rationalität; doch die Börse zeigt, was in ihnen eigentlich vorgeht: Sie reagieren völlig emotional, oft ausgesprochen irrational mit stark schwankenden (in der Fachsprache so genannten) »Stimmungen«.

Es ist schon ein Anlass zum Staunen, wie zart fühlend die sonst durchaus harten Finanzblätter in ihren Analysen mit diesen Stimmungen umgehen. Denn von den Stimmungen hängt Aufschwung oder Niedergang der Wirtschaft ab. So ist ihr Widerstreit schon zum gegossenen Bild geworden: Am Eingang von Banken und Börsen posieren Stier und Bär.

Der Stier, Traumbild des Vertrauens auf die Stärke der Börse, zeigt dabei eine bestürzende Ähnlichkeit mit dem Goldenen Kalb, von dessen verführerischem Glanz und von dessen Katastrophe die Bibel erzählt (2. Mose 32). Die Beschwörungen des Aufschwunges haben ja auch bei uns durchaus kultischen Charakter. Wie bei den Baalspropheten in der Eliageschichte (1Kön. 17) soll der Erfolg durch schmerzhafte Einschnitte herbeigezwungen werden. Doch das Fundament dieses Vertrauens ist gänzlich irrational: Noch immer wird volkswirtschaftlich alles Heil vom Wachstum erwartet, vom Anstieg des Verbrauchs, obwohl wir längst wissen, dass unsere Erde solch ein Wachstum nicht mehr lange aushalten wird: immer schneller verbraucht zu werden.

So breiten sich heute die Angebote und Forderungen, denen wir glauben sollen, in verwirrender Vielfalt aus: Zwischen Börsendaten, aufdringlicher Werbung und autoritär vermittelten esoterischen Geheimnissen haben wir aus einem breiten Angebot zu wählen. Wie soll da jemand lernen, zwischen Lüge und Redlichkeit zu unterscheiden? Wie erkennen wir, was wirklich trägt? Ich erinnere mich mit Grauen an die täglichen Aufforderungen zu »glauben«, mit denen wir in den letzten Monaten des untergehenden Hitlerreiches konfrontiert wurden: an den Führer, »unerschütterlich« an den Endsieg, an die Zukunft des Deutschen Reiches. Der politische Witz hatte darauf die sarkastische Antwort: »Ihr müsst alle dran glauben!«

0.3 Kritisches Vertrauen

Was glauben wir wirklich? Das ist eine kritische Frage, die blindes Vertrauen nicht mehr zulassen will. Die Kritik zielt in zweierlei Richtung: zum einen auf die vielerlei Angebote und Aufforderungen, die um unser Vertrauen werben, nur zum Teil glaubwürdig, zum größeren Teil unglaubwürdig. Sie zielt zum anderen auf die überlieferten formulierten Grundsätze des christlichen Glaubens, die mitunter sehr weit entfernt von unseren täglichen Erfahrungen und Herausforderungen angesiedelt scheinen. In der Spannung zwischen beiden lernen wir, unser Vertrauen kritisch ins Spiel zu bringen.

Bonhoeffer unterstreicht in diesem Zusammenhang das Gebot intellektueller Redlichkeit. Er kritisiert, »daß man sich immer wieder hinter dem ›Glauben der Kirche‹ verschanzt und nicht ganz ehrlich fragt und konstatiert, was man selbst eigentlich glaubt.« Das ist eigentlich eine Selbstverständlichkeit, ich will mich ja doch nicht selbst betrügen. Doch in Fragen der Religion gibt es viel Selbstbetrug, bis hin zu paranoiden Wahnvorstellungen, nicht nur bei Einzelnen, auch in Gemeinschaften. Wir haben allen Grund, hier auch selbstkritisch wachsam zu sein. Doch es gibt ein sicheres Kriterium: Wo immer blinder Glaube gefordert wird, haben wir es nicht mehr mit dem Wort Gottes zu tun, das die Augen öffnet, sondern mit tödlichem Betrug.

Ich fordere mit dieser Frage von mir selbst Rechenschaft. Es ist eine Frage meines Gewissens. Dennoch ist es kein Selbstgespräch. Ich führe es, um auch anderen Rechenschaft geben zu können. Um in dieser Frage weiter voranzukommen, brauche ich das Gespräch mit anderen. Ich brauche die Herausforderung von anderen, redlich Rechenschaft zu geben, worauf ich eigentlich vertraue. Ich brauche dazu auch Gesprächspartner, die mehr Erfahrungen einzubringen haben als nur die meines eigenen Lebens. Ich brauche zu meiner Vergewisserung Erfahrungen anderer, die sich in tiefen Krisen bewährt haben, auch in gesellschaftlichen und persönlichen Umbrüchen.

Alles hängt davon ab, dass auch meine Gesprächspartner selbst glaubwürdig sind. In der theologischen Tradition kann ich mit solchen Gesprächspartnern rechnen. Viele davon sind allerdings schwer zugänglich und kaum verständlich. Sie verstricken mich in Fragen, die den meinen sehr fern sind. Ich brauchte solche, die mich äußerst sparsam und konzentriert auf das hinweisen, was für mich jetzt wahrzunehmen notwendig ist, was mich wirklich trägt. Wo finde ich, was ich suche: den Gegenwartsbezug und die Erfahrung vieler Generationen beieinander, verbunden in knappen einprägsamen Formulierungen, die aufs Ganze gehen, und zugleich Gesprächspartner von Gewicht und Glaubwürdigkeit?

0.4 Fragen an das Apostolische Glaubensbekenntnis

Gehen wir mit diesen Fragen wie mit einer Wünschelrute durch das weite Feld der theologischen Tradition, so schlägt sie an einer unerwarteten Stelle heftig aus, bei einem uns seit langem nur allzu bekannten, für die Gegenwart wenig beredt erscheinenden Text: dem Apostolischen Glaubensbekenntnis, das wir Sonntag für Sonntag im Gottesdienst sprechen.

Mit dem Gewicht einer uralten Tradition verbindet es eine bis in die Gegenwart anerkannte Geltung bei allen christlichen Kirchen. Es ist zu Unrecht in den Verruf geraten, es sei so etwas wie ein verpflichtendes Gesetz, das sagt, was ein Christ glauben »muss«. Das ist eine spätere Unterstellung; Bonhoeffer erwähnt sie in den genannten Notizen gleich eingangs als »Problem des Apostolikum«. Es ist vielmehr ein von Anfang an offenes Bekenntnis, das »Himmel und Erde« umspannt und alle Welt zur Rechenschaft fordert über unsere Frage: Worauf zu vertrauen sich lohnt.

Es ist ein Bekenntnis aus der Ursprungszeit des christlichen Glaubens und der Theologie, aber auch ein schwerer, alter, sperriger Text. Doch wir begegnen ihm regelmäßig im Gottesdienst, nicht nur bei Taufen und im Katechismus, und uns wird regelmäßig zugemutet, diesen Text mitzusprechen, weil er uns bis heute »mit der ganzen Christenheit auf Erden« verbindet.

Das allerdings tut das Apostolikum wie kein anderes Bekenntnis. Es ist bei uns nicht nur bekannter als andere vergleichbar alte Bekenntnisformeln, es ist vor allem auch strenger und knapper formuliert Dadurch erspart es uns viel an scharfsinnigen Auseinandersetzungen zwischen Theologen.

Etwa das später formulierte Nicänum enthält ein Wort, das sich gegenüber den Kirchen des Ostens als Sprengsatz erwies, das »filioque«. Es antwortet auf die Frage, ob der Heilige Geist vom Vater allein oder vom Vater und dem Sohne ausgeht, mit der lange umstrittenen und schließlich kirchentrennenden Feststellung: und vom Sohne. So entspricht es der Erdahrung der Gemeinden: Von Jesus ist der neue Geist ausgegangen, der sie ergriffen hat. Doch offenbar sahen Theologen der östlichen Kirchen darin je länger je mehr eine Gefährdung des strengen Monotheimus. Auch mir fällt es schwer, mit den Worten des Nicänum zu bekennen, dass Jesus »nicht geschaffen« sei, vielmehr »mit dem Vater eines Wesens«, »Gott von Gott, Licht vom Licht«. Ich verstehe wohl, weshalb das Nicaenum dies so nachdrücklich unterstreicht, doch ich sehe auch, was für schlimme, dem Geist Jesu völlig fremde Missverständnisse daraus erwachsen sind. Und wenn das filioque schon einmal zu einer tiefen verhängnisvollen Spaltung der Christenheit geführt hat – müssen wir uns heute immer noch dazu bekennen?

Es ist gut, dass wir uns im Umgang mit dem Apostolikum noch diesseits der Spaltung auf die ganz elementaren Fragen beschränken können. Historisch stammt das Apostolikum allerdings nicht von den Uraposteln. In der uns heute geläufigen Form ist es erst im 5. Jahrhundert zu finden; eine eng verwandte Formulierung, das sog. »Römische Symbol«, hatte jedoch schon im 2. Jh. maßgebliche Bedeutung erlangt. Die Bezeichnung »apostolisch« war von vornherein auch nicht als historische Angabe gemeint, sondern sie ist in der kritischen Zeit der zweiten Generation, als Unterscheidung dringend geboten war, zum Gütesiegel für Zeugnisse geworden, die Ursprungserfahrungen des Glaubens authentisch zur Sprache bringen.

So kommt das »Apostolische« Bekenntnis unseren Fragen selbst entgegen. Wir suchen authentische Auskunft über den christlichen Glauben; wir fragen nach den von den Anfängen an tragenden Einsichten und Grunderfahrungen, um unseren Glauben damit kritisch und selbstkritisch ins Gespräch zu bringen; und das Apostolikum trägt in seinem Namen das Gütesiegel des Authentischen und Ursprünglichen.

Hier setzen wir mit unseren Fragen an:

1. Das Bekenntnis ist entstanden, um über den Glauben konzentriert, klar und verständlich Rechenschaft zu geben. Intellektuelle Redlichkeit und Offenheit für kritische Rückfragen sind auch in damaliger Zeit dafür unentbehrlich; sie sind dem Bekenntnis keineswegs fremd, sondern haben schon an seiner Wiege gestanden. Sie gehören von Anfang an zum sachgemäßen Umgang mit dem Bekenntnis.

2. Das apostolische Bekenntnis beansprucht, im biblischen Sinne zu reden. Ohne den biblischen Hintergrund wären viele der knappen Formulierungen gar nicht verständlich. Sie wollen aus dem biblischen Zusammenhang verstanden und an der Bibel gemessen werden.

3. Das Apostolikum unterscheidet sich von späteren Bekenntnissen durch seine äußerste Einfachheit. Es beschränkt sich auf das Notwendige; und in dieser Konzentration ist nicht nur beredt, was es sagt, sondern auch, wovon es schweigt. Es antwortet so auf unsere Ausgangsfrage: Was glauben wir wirklich? Was ist für uns lebensnotwendig?

4. Das Apostolikum umfasst mit seinen wenigen Worten Himmel und Erde, Anfang und Ende, Raum und Zeit. Es ist für uns gar nicht möglich, alles wahrzunehmen, was damit ursprünglich einmal und danach in der

langen Geschichte seiner Überlieferung angesprochen worden ist. Wir können es gar nicht erschöpfend »auslegen«; wir können nur dem alten Wortlaut aufmerksam Schritt für Schritt folgen wie einem Weg, der uns auf seine sehr bedachte Weise hineinführt in die weite Landschaft des Glaubens, in der wir vieles Bekannte wiederfinden und anderes neu entdecken können.

5. Das Bekenntnis spricht die Sprache der Hoffnung, und damit angemessen umzugehen ist nicht leicht, zumal unter den strengen Maßgaben der Wahrheitsfrage. Jedenfalls missverstanden ist das Bekenntnis, wenn wir es lesen wie die Sprache einer fundamentalistisch pedantischen Buchhaltung, eine Checkliste, mit der ich überprüfen kann, ob bei mir und anderen auch alle Bestandteile des richtigen Glaubens enthalten sind. So etwas mag sich in den besitzergreifend reglementierenden Spätformen der Bekenntnisse finden, doch die ersten Gemeinden haben daran gar kein Interesse und dafür auch keine Energien frei. Sie stehen vor der ungeheuren Aufgabe, überhaupt eine Sprache zu finden für ihre Hoffnung, mit der sie knapp und authentisch ihre Alternative formulieren können zu dem erdrückenden gesellschaftlichen Grundkonsens der Hoffnungslosigkeit.

0.5 Eine Sprachform der Hoffnung

Die Sprache der Hoffnung hat notwendig die Form des Widerspruchs, ausdrücklich oder unausgesprochen, gegen die bestehenden Verhältnisse und ihre Suggestion, als hätten wir uns endgültig damit abzufinden. Im Apostolischen Bekenntnis ist das dezidiert so: Mit jedem Satz nicht nur, mit jeder Wendung legt es seinen Widerspruch ein, nicht rechthaberisch und haarspaltend, wie wir es im Streit der Theologen zuweilen erleben, sondern mit einem Widerspruch, der aufs Ganze geht, auf die Grundfrage: auf was für ein Vertrauen ich mein Leben und meine Hoffnung gründe.

Diese Hoffnung kann sich nicht in der Sprache kühl abgrenzender Definitionen entfalten. Hoffnung wächst aus Erfahrung, und sie artikuliert sich, indem sie ihre Leiderfahrung mit Wucht gegen den übermächtigen Zwang des Bestehenden, gegen die herrschende Aussichtslosigkeit und Resignation ins Spiel bringt. Ihre Sätze sind geladen mit starken Emotionen; sie schöpfen aus tiefen Quellen: aus der Kraft des Mitleidens, aus den lähmenden Erfahrungen von Hunger und Armut, aus dem Aufbegehren gegen die Unterdrückung; sie sind geschliffen in der ständigen Auseinandersetzung mit dem Zweifel, ja der drohenden Verzweiflung, und sie sind randvoll von Sehnsucht nach Freiheit, nach dem überwältigenden Glück der Befreiung. Solange wir das nicht mithören, haben wir sie noch nicht verstanden.

So ist die erste Absicht eines solchen Bekenntnisses nicht die Sicherung eines Besitzstandes. Wer so knapp und authentisch so Grundlegendes formuliert, wird es immer antithetisch tun, im Widerspruch und Widerstand gegen die verhängnisvollen Denkzwänge, die in der Gesellschaft als mainstream des Denken und Fühlen bestimmen. Dadurch bekommen die einzelnen Sätze ihr scharfes Profil. Das Bekenntnis redet so zugespitzt wie auch wir in scharfen Diskussionen. Der Widerspruch ist das Formprinzip der Formulierungen; doch er wächst nicht aus der Freude am Widerspruch, sondern aus tieferen Quellen: aus dem Hunger und Durst nach Gerechtigkeit, aus der Sehnsucht nach Freiheit, aus dem brennenden Verlangen nach Trost.

Es gehört zum Wesen des Glaubens, dass er sich nicht mit der Welt abfindet, wie sie ist; er legt nachdrücklich Widerspruch ein gegen die Diktatur des Faktischen. Das erfordert Mut und Geistesgegenwart. Ist das Bekenntnis auf diesen Grundton gestimmt? Um mich auf diesen Ton einzustimmen, füge ich oft in meinen Gedanken ein kleines Wort ein, als Vorzeichen: Am Anfang jedes Artikels sage ich dann für mich ein TROTZDEM: Ich glaube trotzdem. Und damit habe ich beides beieinander: die Schärfe des Widerspruchs und zugleich etwas von der Energie, die aus anderen Quellen kommt.

Und auf einmal wird alles ganz aktuell und beredt: Ich glaube trotz allem an Gott, den Vater; ich setze trotz allem mein Vertrauen auf Jesus, der sagt, dass diese Erde am Ende den Sanftmütigen gehört; ich glaube trotz allem an den Heiligen Geist, der Menschen verwandeln kann, der die Eine Kirche zusammenführt und die Gemeinde der Redlichen in ihr begründet.

Die Sprache der Hoffnung ist Widerspruch, aber sie wächst nicht aus dem Widerspruch. Der Trotz allein ist kein Nährboden für eine Hoffnung, die harten Aggressionen standhalten muss. Hoffnung wächst nur auf dem Boden von guten Erfahrungen; und wo ich nach Hoffnung gefragt bin, muss ich solche Erfahrungen herbeirufen, auf die sich die Hoffnung berufen kann. Ich brauche sie nicht nur als Argumente gegenüber anderen Fragenden, sondern vor allem zu meiner Vergewisserung angesichts der Fragen und Zweifel und der oft tiefen Mutlosigkeit meiner Seele.

Wo finde ich solche Erfahrungen? In der Erinnerung, etwa an die erstaunliche Bewahrung und Güte, die mich in meiner Kindheit umgeben hat, ja schon vor meiner Geburt. In der erstaunten Wahrnehmung, wie ich auch jetzt getragen bin von einem Netzwerk lebenspendender Zuwendung, kann ich es spüren: schon in der Luft, die ich atme, in dem Licht der Sonne, das mich umgibt und wärmt, in den Menschen um mich, die mit mir reden; und da ist die Erde, die mich trägt und ernährt, Wasser für den Durst und Brot für den Hunger bereithält und noch anderes: Bäume und Blumen und Vögel. Es ist nicht der Verstand, der daraus Argumente der Hoffnung ableitet, sondern die Seele, die aus solchen Wahrnehmungen Mut schöpft, und ohne den Lebensmut der Seele gibt es nirgends mehr Hoffnung.

Die Seele lässt sich nicht überreden, doch ich kann sie aufmerksam machen, sie lässt sich erinnern: Meine Seele, vergiss nicht, was er dir Gutes getan hat. Die Sprache, die uns wieder Atem schöpfen lässt und Hoffnung, ist nicht die Sprache der Ermahnung, sondern der Erinnerung. Damit finden wir uns auf dem Wege der Psalmen. Die beiden großen Lobpsalmen 103 und 104 reden so, aber auch der 139. Psalm spricht die Sprache erstaunten Entdeckens: Von allen Seiten umgibst du mich und hältst deine Hand über mir; deine Augen sahen mich, ehe ich geboren bin; und er zieht den Schluss: Wunderbar sind deine Werke, das erkennt meine Seele. Das ist nicht mehr der Ton trotzigen Bekennens, sondern so redet, wer überwältigt wird von dem, was die Seele wahrnimmt.

Lassen wir uns darauf ein, so wird uns das Bekenntnis zu einem Wegweiser, der uns hilft, zurückzufinden zu den tragenden tröstlichen Erinnerungen; zu einem Anstoß, der die in all der alltäglichen zerstreuenden Oberflächlichkeit verloren gegangenen Tiefen meines Lebens wieder öffnet. Es will uns helfen wahrzunehmen, was uns trägt; doch die es lesen, als sei es ein Gesetz, das den rechten starken Glauben einfordert, gehen blind daran vorbei.

Beginnen wir also, es behutsam nachzubuchstabieren, Schritt für Schritt, und langsam genug, damit die Worte Zeit haben, auch in die Tiefen unserer Erinnerung hineinzuleuchten.

1 Der Erste Artikel

1.1 an Gott

In jüdischer und urchristlicher Tradition werden Lehrformulierungen gern ausdrücklich als »Weg« bezeichnet. Wer einer Lehre oder dem Bekenntnis nachgehen will, muss ihrem Weg folgen. Das Lernen ist nicht nur eine Sache des Intellekts, sondern der Erfahrung.

1.1.1 Am Anfang

Wir haben uns auf den Weg gemacht, den Worten des Apostolikums nachzugehen. Auf einem solchen Weg können wir nur sorgsam Schritt für Schritt vorangehen; die ersten Schritte lassen sich nicht überspringen, die letzten nicht vorwegnehmen. Der kritische Verstand gibt sich gern der Illusion hin, alles sei ihm gleichzeitig gleichermaßen übersichtlich und zugänglich. Doch das gilt nur für das Spiel mit abstrakten Wahrheiten. Lebenserfahrungen wie die des Glaubens sind von dem Weg nicht zu trennen, auf dem wir sie gemacht haben.

Auf diesem Weg ist nichts zufällig: Es ist kein Zufall, dass die großen Artikel des Glaubens in dieser Reihenfolge genannt werden. Man mag mit Argumenten der theologischen Systematik versuchen, die Reihenfolge zu verändern, so wie etwa Karl Barth in seiner Kirchlichen Dogmatik, und die Verfremdung wird neue Aufmerksamkeit erzeugen. Doch wir sind, wie Bonhoeffer schreibt, so weit »auf die Anfänge des Verstehens zurückgeworfen«, dass wir die Verfremdung gar nicht mehr nötig haben, sondern wir suchen überhaupt erst einmal Zugang.

Um einen Weg kennen zu lernen, mit seinen unerwarteten Ausblicken, aber auch mit seinen Steilstufen und Irritationen, muss ich ihn als Fußgänger gehen, Schritt für Schritt; ich darf ihn nicht überfliegen. Der Weg hat ein Ziel im Auge und führt mich dahin; ich darf nicht von oben her so tun, als sei die Reihenfolge meiner Schritte beliebig. Das ist ein didaktisches Grundgesetz; es gilt auch für unseren Umgang mit dem Apostolikum. Und so werden wir gerade die ersten Schritte mit besonderer Umsicht und Neugier tun.

Schon die ersten Worte mitzusprechen: Ich glaube an Gott! heißt sich in Widerspruch zu setzen zu weithin selbstverständlichen Haltungen: Überhaupt an so etwas wie einen Gott zu glauben, der dem Ganzen Sinn und Ziel und den Einzelnen Geborgenheit gibt und unverrückbare ethische

Maßstäbe setzt, gilt als unzeitgemäß, rückschrittlich, irrational. Vierzig Jahre aggressiver atheistischer Propaganda haben dabei andere Spuren hinterlassen als der selbstverständliche Materialismus der Konsumgesellschaft; doch auf beiden Seiten sitzt die Überzeugung tief: Man kann eigentlich nicht mehr an Gott glauben.

1.1.2 Glauben nach dem »Tode Gottes«?

Schon im 19. Jahrhundert gab es vehemente literarische Manifestationen dieser Überzeugung, etwa Jean Pauls »Rede des toten Christus vom Weltgebäude herab, dass kein Gott sei« oder Nietzsches toller Mensch, der mit seiner Laterne vergeblich nach Gott sucht und dann ausruft: Gott ist tot … Wir haben ihn getötet! Das heißt: In unserer Art zu denken hat er keinen Raum mehr.

Es waren Anstöße Dietrich Bonhoeffers, die in der Theologie zu dem Bemühen führten, diesen Wandlungen menschlichen Selbstbewusstseins Rechnung zu tragen. Das Programm einer »Theologie nach dem Tode Gottes«, abschätzig gern mit dem absurden Namen einer »Gott-ist-tot-Theologie« bedacht, wurzelt in Bonhoeffers in der Haft entwickelten Einsichten: Der selbstverständlichen Religionslosigkeit der Gesellschaft, die zu beklagen sinnlos ist, sei vielmehr mit einer die Mündigkeit der Welt respektierenden »nicht-religiösen Interpretation« der Bibel und des Glaubens zu begegnen.

Bonhoeffer stößt mit seinen Notizen und Entwürfen dazu immer wieder an Grenzen; im Ansatz selbst liegt ja schon eine Widersprüchlichkeit, die schwer aufzulösen ist. Seine Frage ist: »Wie sprechen wir von Gott – ohne Religion, d. h. eben ohne die zeitbedingten Voraussetzungen der Metaphysik, der Innerlichkeit etc. etc.?« (WE 306) Die Menschen leben religionslos, sie bringen keine religiösen Voraussetzungen mehr mit, doch um Christus zu verstehen, brauchen sie die auch nicht.

Gewiss gibt es Anfragen an Bonhoeffers Verständnis von Religion und an seine Diagnose der religionslos lebenden Gesellschaft, doch fraglos trifft er damit eine Eigenart der biblischen Texte, die sie von anderen religiösen Texten unterscheidet: Um Worte der Tora und der Psalmen oder der Botschaft Jesu zu begreifen, bedarf es keines besonderen religiösen Interesses und keiner religiösen Sensibilität, sie sind unmittelbar verständlich. Das religiöse Verständnis übergeht ihre Diesseitigkeit, gerade darin aber liegt ihre Stärke: »Nicht um das Jenseits, sondern um diese Welt, wie sie geschaffen, erhalten, in Gesetze gefaßt, versöhnt und erneuert wird, geht es doch« (312); »ich möchte von Gott nicht an den Grenzen, sondern in der Mitte, nicht in den Schwächen, sondern in der Kraft … im Leben und im Guten des Menschen sprechen« (307).

Die »Mündigkeit der Welt« macht das Reden von Gott nicht überflüssig; doch wird dadurch »mit einer falschen Gottesvorstellung aufgeräumt« (394). Der Gott der Metaphysik ist eine »Arbeitshypothese«, eine Denkvoraussetzung, die immer dann als deus ex machina aktiviert wird, wenn der Mensch mit seinen Möglichkeiten am Ende ist; »es gehört zur intellektuellen Redlichkeit, diese Arbeitshypothese fallen zu lassen. – ... Wo behält nun Gott noch Raum? fragen ängstliche Gemüter« (393). »Gott läßt sich aus der Welt herausdrängen ans Kreuz, Gott ist ohnmächtig und schwach in der Welt, und gerade und nur so ist er bei uns und hilft uns ... Hier liegt der entscheidende Unterschied zu allen Religionen« (394).
So gibt Bonhoeffer mit dem Plädoyer für eine nicht-religiöse Interpretation des Christentums die Leidenschaft des Glaubens nicht preis. Das Beten wird nicht an den Rand gedrängt, sondern tritt nun erst recht ins Zentrum. Wenn »die früheren Worte kraftlos werden«, wird das Christsein »nur in zweierlei bestehen: im Beten und im Tun des Gerechten unter den Menschen« (328).
Bonhoeffer plädiert für eine andere Art, von Gott zu reden, als in der von Heinrich Böll so scharf karikierten Weise von »jenem höheren Wesen das wir verehren« (in: Dr. Murkes gesammeltes Schweigen). Er findet diese Art in den ursprünglichen Zeugnissen der Bibel. Unser Bekenntnis ist so nahe an diesem Ursprünglichen, dass wir noch nicht die »Arbeitshypothese Gott« heraushören dürfen. »Ich glaube an Gott« heißt hier nicht: »Ich glaube, dass es Gott gibt«, sondern: Ich weiß, woran ich mich in diesem Nebel halten kann. Der schwer fassbare, alles penetrant wie ein Nebel durchdringende Unglaube wird so mit einer Antwort konfrontiert, die nicht auf den Holzweg der Erörterung führt, ob »es Gott gibt«, sondern die Frage zurückgibt: Woran glaubst denn du? Darin beschlossen liegt schon eine andere schärfere kritische Anfrage:

1.1.3 Gott ist EINER: *adonaj echad*

Das Nicänum formuliert so, dass die Konfrontation von vornherein klar ist: Ich glaube an den einen Gott. Darin entspricht das christliche Bekenntnis genau dem jüdischen Grundbekenntnis: *Adonaj echad* – Gott ist einzig. Das wird nicht im Gegensatz zu dem Gott einer anderen formulierten Religion gesagt, nicht einmal im Gegensatz zu den menschenfreundlichen Göttern Griechenlands (für die auch Bonhoeffer freundliche Worte findet), sondern es geht um die menschenfeindlichen falschen Götter, die nicht nur Einzelne, sondern ganze Völker und Gesellschaften in ihren tödlichen Bann schlagen.
Es sind die gleichen Götter, über die schon der Zweite Jesaja seinen ingrimmigen Spott ausgießt, die seinen Trost zunichte machen und sich

dem von ihm verkündeten Aufbruch in die Freiheit entgegenstellen. Die falschen Götter sind nichts anderes als Zwangsvorstellungen, die sich Menschen selbst erschaffen haben und deren permanenter Faszination sie nun selbst erliegen. Der Spott des Propheten ist so überlegen, dass wir uns fragen, wie Menschen so töricht sein können:

> Sie schütten das Gold aus dem Beutel
> und dingen den Goldschmied,
> dass er ihnen einen Gott daraus mache,
> vor dem sie knien und anbeten.
> Sie heben ihn auf die Schultern
> und tragen ihn und setzen ihn wieder ab:
> Da steht er und rührt sich nicht von seinem Ort.
> Schreit einer zu ihm, so antwortet er nicht – (Jes. 46,6f).

Doch sind wir selbst, ist unsere Gesellschaft nicht in eben diesen Verhaltensmustern schon längst gefangen? Das sprechendste Beispiel für die Macht solcher selbst erschaffenen Zwangsvorstellungen ist heute die unheimliche Macht des Geldes. Das untrügliche Zeichen dieses Wahns ist, dass er zu Menschenopfern bereit ist, wenn seine Götzen sie als Bedingung für die Einlösung ihrer Verheißungen fordern. Das erleben wir täglich. Wenn Aktienkurse sinken, fordern die Aktionäre zur Erhaltung ihrer Rendite »Personalabbau«, also Massenentlassungen, und das geschieht dann auch ohne Rücksicht auf die zerstörerischen Folgen.

Als davon in den Nachrichten erstmalig berichtet wurde, gab es einen empörten Aufschrei, doch nun gehört es zu den Selbstverständlichkeiten – ein selbstverständlich mitsamt seinen Menschenopfern gesellschaftlich anerkannter Götzendienst. Die Weigerung der Pharma-Industrie, die Patente für Aids-Medikamente freizugeben, um dadurch die verheerenden Wirkungen etwa in Afrika einzudämmen, fordert weiter unvorstellbare Menschenopfer, ist aber unter den Rahmenbedingungen unserer Wirtschaftsordnung rechtens und gilt als verständlich.

Ein Blick auf die heutige Weltgesellschaft lehrt die Macht dieser Götter und ihrer Verführung erkennen und fürchten: Wie getrieben von der wahnwitzigen Vorstellung immer stärkeren Wachstums, lernen die Menschen in den reichen Gesellschaften, die Augen zu verschließen vor den einfachen Forderungen der Menschlichkeit und Gerechtigkeit; Theorien sind darauf abgestellt, dass besinnungslos konsumiert wird, weil nur dadurch die Wirtschaft zu dem ersehnten Boom kommt. Kaum ein Blick mag noch den unerträglichen Gegensatz wahrnehmen: Da ist die Mutter, die mühsam aus einem weit entfernten Loch Wasser holt, kaum genug für ihre Kinder, und auf der anderen (auf unserer) Seite der von der Werbung zu immer noch mehr »Genuss sofort« angestachelte Überflusskonsument.

Täglich gehen an den Wahnvorstellungen der Reichen fast 30 000 Kinder zugrunde, an Hunger und medizinischer Unterversorgung, die bei nur ein wenig gerechterer Verteilung der Ressourcen nicht zu sterben brauchten. Es sind keine verführerischen Liebhaber, diese Götter, sondern brutale Zuhälter, sie verbrauchen ständig weitere Menschenopfer für ihre Orgien des Wahnsinns. Das Bekenntnis zu dem einen Gott meint das gleiche wie das Erste Gebot; als die Summe aller Gebote warnt es vor diesem Absturz: Du verspielst dein Leben, wenn du dich darauf einlässt, diesen anderen Göttern zu dienen. Da sind nicht Götter gemeint, zu denen andere Religionen auf andere Weisen beten mögen, sondern die Einpeitscher der mörderischen Wahnvorstellungen, die jetzt offenkundig die Menschheit an den Rand des Abgrundes geführt haben.

Ich glaube an den einen Gott: Auch in den Hochreligionen kann Gott für unmenschliche Wahnvorstellungen missbraucht werden. Die religiöse Begründung von Terror gehört zu den schrecklichsten Formen des Götzendienstes; doch schon die Propheten wussten, dass der Glaube an Gott zu einem solchen Götzendienst degenerieren kann. Auch die Kirchengeschichte enthält genug Beispiele dafür. Aus dem Bekenntnis zu dem einen Gott spricht nicht der Stolz, in jedem Falle auf der richtigen Seite zu stehen, sondern die Verbundenheit mit all denen, die zu dem gleichen einen Gott beten und dabei dem mörderischen Dienst der anderen selbst gemachten Götter widerstehen wollen.

1.2 den Vater

Der Vatername für Gott ist uns so vertraut und selbstverständlich, dass wir schon ganz das Gefühl dafür verloren haben, wie Ungeheuerliches hier gesagt wird:

1.2.1 Mein Vater?

In einer Welt, in der sich unzählige Einzelne immer wieder ganz und gar verloren vorkommen, nehme ich Gott als meinen Vater in Anspruch, nicht nur als Erzeuger, sondern als meinen Gott, der wie ein Vater oder eine Mutter auf mich achtet, für mich sorgt, der sich um mich sorgt, der mit mir leidet, wenn ich an meine Grenzen komme, und mich auffängt, wenn ich abstürze. Nicht zufällig enthält das Neue Testament so viele Geschichten von Vätern, die in leidenschaftlicher Sorge um ihre Kinder alle väterliche Würde fahren lassen und sich zu ganz Ungewöhnlichem hinreißen lassen, damit ihr Kind nicht verloren geht.

Wer von uns kann das so einfach mitsprechen? Ich spreche hier ja nicht von Gott als dem Vater Jesu Christi, sondern als von meinem Vater. Fast Unglaubliches wird damit gesagt: Mitten unter unzähligen Menschen auf einer unvorstellbar weiten Erde, die doch nur ein winziges Staubkorn im Weltall ist, bin ich für Gott Tochter oder Sohn, sein Kind, von dessen Leben er viel erhofft, an dessen Ängsten und Verletzungen er mit leidet wie ein Vater mit seinem Kind.

Das ist zuerst eine Absage an eine Art, von Gott zu reden, in der er als der schlechthin Überlegene erscheint, unanfechtbar hoch erhaben über alles Menschliche, in einer solchen Ferne, dass er eigentlich nur noch erstaunt teilnahmslos auf das Treiben der Menschen herabschauen kann. Dagegen setzt die Bibel und mit ihr das Bekenntnis den Glauben an einen Gott, der Menschen leidenschaftlich liebt wie ein Vater und eine Mutter und teilnimmt an allem Glück und allen Tränen seiner Kinder (Ps. 6,9; 56,9). Was für ein Kontrast: Wer so von Gott redet, macht sich auch selbst angreifbar. Doch schon im Ersten Gebot stellt Gott sich selbst so vor: als einen »leidenschaftlichen« Gott. Das jedenfalls meint das hebräische Wort *kn'*, das hier durch die Übersetzung (»eifernd« oder gar »eifersüchtig«) in der Regel schlimm entstellt wird.

Und so nimmt es der leidenschaftliche Gott Israels auf mit einer Welt von Göttern, die ihre Überlegenheit gerade in ihrer Unverletzlichkeit suchen. Mögen sie es sein, die Logik des Gottesbegriffs scheint das ja geradezu zu erzwingen, doch wenn sie wirklich gebraucht werden, verschwimmen sie ohne Konturen im Allgemeinen – ganz zu schweigen von den anderen archaischeren, die Stärke, Erfolg und Sieg verheißen und dadurch zerstörerische Leidenschaften im Menschen anstacheln.

Wie soll ich dahin kommen, dass ich das so sagen kann: Ich glaube an Gott meinen Vater – ? Es klingt wohl merkwürdig, aber: Auch das will gelernt sein. Dazu muss ich schon manches entdeckt und erfahren und auszusprechen gelernt haben. Für Israel war es ein langer Weg, mehrfach durch die Wüste. Für uns sind es zunächst ganz einfache erste Schritte, die uns die Bibel vorzeichnet.

1.2.2 Der »Gang über die Psalmbrücke«

Ich muss erst einmal selbst Zugang finden zu den Erfahrungen, von denen die Bibel lebt. Den finde ich nicht im Darüber-Reden. Ich brauche Worte, mit denen die Bibel mich unmittelbar anspricht und so ins Gespräch kommt mit mir, meinen Fragen und Erfahrungen.

In keinem Buch der Bibel kann ich mich an so vielen Stellen selbst wieder finden wie im Buch der Psalmen. Das gilt auch schon für Kinder. Es sind besonders die Worte der Klage: Ich bin geworden wie ein zerbrochenes Gefäß. Ich wache und klage wie ein einsamer Vogel auf dem Da-

che. Ich habe mich müde geschrieen, mein Hals ist heiser. Mein Herz ist in Ängsten. Ich bin so voll Unruhe, dass ich nicht reden kann (Ps. 31,13; 102,8; 69,4; 66,4f).
Sie holen Empfindungen ans Licht, die schwer zu fassen sind; sie geben dem Kontur, was in den Tiefen meiner Seele virulent ist, in einer Sprache, die mich selbst genau trifft, doch zugleich offen ist für Erfahrungen vieler anderer. Sie sprechen nicht abstrakt und allgemein, sondern konkret und prägnant von Einsamkeit und Angst, von Erschöpfung und Unruhe und auch von den düsteren Vorboten.
An den Psalmen erfahren wir, was eine Frau aus Südafrika so aussprach: Of course there are many books I could read, but there is only one book, that reads me. Diese Worte sind im ökumenischen Gespräch viel zitiert worden. Die Psalmen wissen in meiner Seele zu lesen, und genauer, als ich es vermag. Mit den Worten der Psalmen komme ich meiner Seele auf die Spur; schon Kinder machen mit den Worten der Psalmen erstaunliche Entdeckungen an sich selbst.
Nicht anders aber beschrieb Luther das Besondere der Psalmen, in der Vorrede zu den Psalmen in seiner deutschen Übersetzung letzter Hand (1545): »dass ein jeglicher Worte darin findet, die ihm so eben sind, als wären sie allein um seinetwillen so gesetzt.« Denn:
Unser Herz ist wie ein Schiff auf einem wilden Meer, das die Sturmwinde von überallher treiben. »Solche Sturmwinde aber lehren mit Ernst reden und das Herz öffnen und den Grund herausschütten. Was ist aber das meiste im Psalter denn solch ernstlich Reden in allerlei solchen Sturmwinden?«
Auch vor den abgründigen Erfahrungen des Zweifels und der Verzweiflung machen die Psalmen nicht halt: Ich versinke in tiefem Schlamm, wo kein Grund ist. Ich rufe täglich, doch du antwortest nicht. Ich liege mit meiner Seele mitten unter Löwen. Die Menschen sind wie sengende Flammen, ihre Zungen wie spitze Pfeile. Ich liege unter den Toten verlassen. Meine Seele ist sehr erschrocken, ach du, Herr, wie lange –? (Ps. 69,3; 22,3; 57,5; 88,6; 6,4)

Was mache ich mit solchen Worten? Ich muss (im Sinne der Frau aus Südafrika) wohl anders fragen: Was machen solche Worte mit mir? Sie lassen mich begreifen, was in mir vorgeht. Sie holen ans Licht, was schon ins Dunkel abgesunken war. Im Dunkel meines Unterbewussten waren all diese Ängste und Verletzungen ja nicht unwirksam. Jetzt finde ich mit der Sprache dafür einen Weg, damit umzugehen. Und die Sprache ist ja alles andere als ein Monolog. Ein Monolog des Selbstmitleids würde mir wenig helfen. Aber diese Sätze sind Anklage und Hilferuf. Ich bin mit ihnen nicht mehr allein. Sie brechen das Gefängnis meiner sprachlosen Einsamkeit auf.

Wie aber finden wir den Weg weiter, aus dieser Angst hinaus? Mit Belehrungen und Appellen ist dieser tiefen Angst nicht beizukommen; wir haben auch nicht den Glauben als die »Lösung« anzubieten, sondern wir suchen, viel bescheidener und viel anspruchsvoller zugleich, nach Worten, die in der Angst ein Fenster öffnen, so dass ich wieder atmen kann, eine Tür, die einen Weg freigibt zu Gegenerfahrungen: Deine Hand hält mich fest, du bist bei mir; ich werde nicht sterben, sondern leben. Du bist meine Ehre und hältst mir den Kopf hoch. Von allen Seiten umgibst du mich und hältst deine Hand über mir; ja, spräche ich: Finsternis möge mich decken, so muss die Nacht auch licht um mich sein, denn auch Finsternis nicht finster ist bei dir (Ps. 63,9; 23,4; 118,17; 3,4; 139,5.11f).

Das sind keine Lehrsätze über Gott, die behaupten, Richtiges zu sagen, sondern Sätze der Erfahrung, gesättigt mit Leid, gehärtet in den Tiefen der Angst, Worte von solchem Gewicht, dass sie auch noch standhalten im Angesicht des Todes. Und weil es Sätze der Erfahrung sind, warten sie darauf, auch unseren, auch meinen Erfahrungen Sprache zu geben und sie in sich aufzunehmen, wie sie schon die Erfahrungen vieler Generationen in sich aufgenommen haben. Solche Worte schon Kindern und Jugendlichen mitzugeben, heißt: sie auszustatten für den Kampf mit der täglichen Angst und sie widerstandsfähig zu machen gegen die von überallher unheimlich wie noch nie nach ihnen greifende Depression.

Befreiend sind diese Worte dadurch, dass sie meine Angst öffnen für einen Dialog. Ihr Adressat ist der Inbegriff aller Geborgenheit, die Quelle allen Trostes. Doch sie setzen nichts voraus, nicht einmal, dass ich überzeugt bin von der Existenz Gottes. Nur weil das so war, konnte ich im Unterricht alle Kinder damit erreichen. Sie geben mir Sprache, und diese Sprache bleibt nicht monologisch; sie sucht den Dialog. Die Angst will mich einschließen, die Sprache der Psalmen öffnet mich wieder. Ich greife danach, weil ich sonst buchstäblich unterginge in dem tiefen Schlamm, wo kein Grund ist. Und auf einmal finde ich Grund unter den Füßen. Die Psalmen belehren mich nicht, dass das Gott ist, sie machen mir auch nicht ein »Angebot«, sondern sie helfen mir, in dieser Angst zu einem Du zu reden. Könnte ich so nicht reden, ginge ich unter: Du bist mein Fels, Du holst mich wieder herauf aus der Tiefe (Ps. 31,4; 71,20).

Es stimmt wirklich nicht, dass Angst beten lehrt; Angst macht stumm und einsam. Es stimmt auch nicht, dass ich von Gottes Existenz felsenfest überzeugt sein müsste, um inmitten der Angst dieses »Du« zu sagen. In solchen Sätzen geschieht etwas ganz anderes: Sie sind wie ein ausgestreckter Fühler, ein Vortasten im Dunkeln nach einem festen Gegenstand, der mir Orientierung gibt, ein Hineinhorchen ins Unbekannte, ob nicht doch irgendwo etwas Vertrautes vernehmbar wird, der angestrengte

Blick in den Tunnel, ob sich nicht endlich doch das Licht des Ausganges zeigt.

Das ist noch etwas anderes als der Griff eines Ertrinkenden nach dem Rettungsring, denn der ist panisch; wenn ich im Schlamm versinke, dann treibt mich Panik nur immer tiefer hinein. Der Umgang mit den Psalmen dagegen ist wie der Gang über eine neu entdeckte Brücke.

Es geht tatsächlich um Konzentration, angespanntes Hören, besonnenes Vortasten, achtsames Wahrnehmen, was mir da entgegenkommt. Günter Eich hat einmal von der Arbeit des Dichters gesagt: »In jeder gelungenen Zeile höre ich den Stock des Blinden klopfen, der mir sagt: Du bist auf festem Boden!« Auf schwankendem Boden sich immer wieder vortasten aufs Feste: Das ist für mich das Entscheidende beim Beten; es ist nicht alles, aber das Entscheidende.

Was geschieht denn morgens, wenn ich aufwache? Noch vor dem ersten Licht des neuen Tages dringt eine Fülle von Unbewältigtem in mein Bewusstsein, all das, was unerledigt blieb, auch unbewältigte Verletzungen, unbewältigte Angst, alte und neue Sorgen, Bilderfetzen aus der Tagesschau von gestern, vorweggenommener Ärger von morgen: ein Chaos beängstigender Gedanken. Natürlich weiß ich, dass das nicht so sein sollte, das sage ich mir auch mit dem Kopf, aber die Seele ist schon hineingezogen in diesen Strudel. Das Wasser geht mir bis an die Seele. Ich versinke in den trüben Tiefen, wo kein Grund ist. Mich zu ermahnen, nützt da wenig, und wenn ich einfach aufstehe, um das alles abzuschütteln, bin ich es doch nicht los.

So fange ich an, meiner Seele eine Brücke zu bauen in den neuen Tag: Gottes Güte ist alle Morgen neu, und deine Treue ist groß (Klgl. 3,23). Das trägt, jedenfalls die nächsten Schritte. Du bereitest vor mir einen Tisch im Angesicht meiner Feinde (Ps. 23,5). Das trägt noch weiter. Verlass mich nicht im Alter und wenn ich schwach werde (Ps. 71,9). Meine Kraft ist in den Schwachen mächtig (2. Kor. 12,9). Von allen Seiten umgibst du mich und hältst deine Hand über mir (ps. 139,5). Sei nun wieder zufrieden, meine Seele (Ps. 116,7). Gutes und Barmherzigkeit werden mir folgen mein Leben lang, und ich werde bleiben im Hause des Herrn immerdar (Ps. 23,6).

Die Betrübnis meiner Seele ist nicht mit einem siegesgewissen Wort einfach abgetan. Sie lernt nur langsam, Schritt für Schritt. Was betrübst du dich, meine Seele, und bist so unruhig in mir? sagt der Psalm immer wieder (Ps. 42,6.12; 43,5). Meine Seele will sich nicht trösten lassen (77,3). Doch in jeder gelungenen Zeile höre ich den Stock des Blinden, der mir sagt: Du bist auf festem Boden! Das ist die große Stärke der Psalmen, dass sie uns solche gelungenen Zeilen bieten, auf denen wir in den Tag hinein und wieder in die Nacht gehen können wie auf festem Boden. Du bist mein Fels, deine rechte Hand hält mich.

So beschreibt Markus W. Bruners, in der Altstadt von Jerusalem wie im Herzen unlösbarer Konflikte lebend, das »Ergebnis« dieser ersten morgendlichen Schritte (Verabschiede die Nacht, Düsseldorf 1999, S. 27):

> Nach dem morgendlichen
> Gang über die
> Psalmbrücke
> drehe ich mich nicht
> mehr um die eigene
> Achse
> ich atme die alten
> Heilworte in meine
> Tagängste
> und bin
> guter Hoffnung

1.2.3 Der Name Gottes als Schlüssel

Auf dem Kirchentag in Stuttgart sagte der Moderator in seiner Einleitung zum »Forum Beten«: »Wer betet, rechnet mit Gott.« Dieser Satz klingt so selbstverständlich, doch an wesentlichen Erfahrungen des Betens geht er völlig vorbei. Viele Gebete, das ist gerade an den Psalmen zu lernen, sind wie ein Versuch, aus einem lastenden Schweigen heraus ein Gespräch zu beginnen. Ob es gelingt, steht am Anfang durchaus in Frage. Und das Gespräch lebt von der Bereitschaft zu hören, auch Unerwartetes, auch Widerspruch. In dem Gespräch suche ich Trost und Rat und Hilfe, doch ich weiß, dass ich mein Gegenüber nicht im Voraus berechnen kann. Ich suche Gottes Nähe, doch kann ich sagen, dass ich damit »rechne«?
Ich kann niemals meinen, dass ich das Du, zu dem ich da spreche, schon vorher ganz genau kenne; das wäre das Ende jedes Gesprächs. Einen Menschen lerne ich erst kennen, indem ich mich ihm öffne und ihm vertraue, und ich komme nie damit ans Ende. Auch nach fünfzig Jahren lerne ich an meiner Frau immer noch wieder Neues kennen. Erst recht kommen wir mit Gott nicht ans Ende; im Gespräch mit ihm sind wir alle noch Anfänger. Luther hat über die Theologen gespottet, die immer gleich schon alles ganz genau wissen. Bei mir, sagt er, fängt alles immer wieder ganz von vorn an!
Das Beten fängt immer wieder von vorne an. Aber die Psalmen zeigen uns Wege, die viele vor uns schon gegangen sind, und sie geben uns eine Orientierung für diese Wege: Sie haben einen Namen für das Gegenüber, zu dem wir uns da vortasten, und dieser Name ist überaus beredt.

Die Hebräische Bibel hat daneben wir die unsere auch ein allgemeines Wort für »Gott«; es heißt *elohim* (oder auch *el*) und hat die gleiche Wurzel wie im Koran das Wort *Allah*. Der eigene Name Gottes aber ist ein hebräische Wort, *JHWH*, unübersetzbar und unaussprechlich; doch klingt darin ein hebräisches Verb an, und das sagt: Ich bin da!

Mose erfährt diesen Namen und seine Bedeutung in der Begegnung am brennenden Dornbusch (2. Mose 3,14). Wie beredt ist hier die Verbindung der großen Zusage, die in diesem Namen liegt, mit dem Bild des Feuers, das den Dornbusch doch nicht verbrennt: brennende Leidenschaft, die sich doch nicht selbst verzehrt. Wir sagen nicht zuviel, wenn wir darin die grundlegende Gotteserfahrung der Hebräischen Bibel festgehalten sehen.

Dieser Name zieht sich wie ein roter Faden durch die biblische Geschichte: Abraham, Jakob, Mose, der Knecht Gottes bei Deuterojesaja – sie alle gehen ihren Weg unter der großen Verheißung: Ich will mit dir sein! Er wird in fast allen Psalmen genannt; wo immer unsere Übersetzungen das für uns ganz anders konnotierte Wort HERR schreiben, lesen wir in den hebräischen Psalmen diesen so beredten Namen: Ich bin da! Die Vertrauensworte lesen sich wie Deklinationsformen dieses Namens: Du bist bei mir, du bist mein Fels, mein Licht, meine Stärke, du hältst mein Haupt empor; der 139. Psalm führt Schritt für Schritt in die Erfahrungen mit diesem Namen ein – Deine Augen sahen mich, ehe ich geboren bin – und misst sie dann nach allen Seiten aus, bis an die äußersten Grenzen: Ob ich Flügel der Morgenröte nähme oder mich in die Hölle niederlegte – immer gilt: So bist du auch da.

Dieser Name ist es, der den Erfahrungen, in die wir uns da hineinwagen, Eindeutigkeit gibt, den Brücken, die wir bauen, Stabilität, den Wegen eine Orientierung. Er ist allerdings in seiner Tiefe und Weite überhaupt nicht auszuloten. Wir haben gesagt: Beten heißt Sprache finden. Zunächst Sprache für mich selbst, für meine Seele, einen Weg, auf dem sie gehen kann. Beten heißt aber auch am Ende: eine Sprache zu finden für Gott. Doch dieser Name Gottes, den die Henräische Bibel kennt, in dem sein Ureigenstes beschlossen ist, bleibt unübersetzbar. Wenn Christen meinen, ihn aussprechen zu können, wird er ein »nackter, sinnloser Name«; so hat Franz Rosenzweig »diese Degradierung des Gottesnamens zu einem Götzennamen« tief verletzt beklagt (»Der Ewige«, 1929). Wie aber soll das Bekenntnis damit umgehen? Die Gotteserfahrung der Hebräischen Bibel bleibt auch für Christen grundlegend. Im Matthäusevangelium ist sie noch in dem letzten Wort des Auferstandenen gegenwärtig: Ich bin bei euch alle Tage.

Mit den Worten »Gott, der Allmächtige« ist diese Erfahrung nicht eindeutig genug benannt. Doch mit dem Wort »Vater« nimmt das Bekenntnis die leidenschaftliche Zuwendung auf, die in dem Gottesnamen ausgesprochen ist. Wir wissen, welche Missdeutungen diese einseitige Festlegung Gottes auf das Männliche nicht nur im Christentum hervorgebracht hat. Aber wir haben kein Wort, das dem hebräischen Namen Gottes auch nur annähernd gleichkäme. So werden wir nicht nur das Wort »Vater« mit all den tröstlichen Erfahrungen von Güte und Geborgenheit verbinden, die schon in der Bibel (etwa im Gleichnis vom verlorenen Sohn) das landläufige autoritäre Vaterbild nachdrücklich konterkarieren, sondern es darüber hinaus auch als eine Chiffre für den biblischen Namen Gottes mit seiner großen Verheißung lesen.

Dieser Name beherrscht in der Hebräischen Bibel auch das erste der Zehn Gebote. Das ist in den deutschen Übersetzungen leider nicht mehr erkennbar. Die Reihe der Gebote, in denen eingeschärft wird, sich nicht an andere Götter zu hängen, beginnt mit diesem Namen Gottes: Ich bin JHWH, dein Gott; und das heißt: Ich bin es, Ich bin da, dein Gott. Und alles, was im Folgenden warnend und gebietend gesagt wird, ist aus dieser Zusage abgeleitet.

Diese Zusage und die in ihr beschlossenen tröstlichen Erfahrungen sind auch der Schlüssel, um die dann folgende dringliche Warnung zu begreifen, anderen Göttern zu dienen: Denn Ich, dein Gott, bin ein leidenschaftlicher Gott. Nur allzu gern wird Gott hier auf Menschenmaß reduziert, wie ein cholerisch eifersüchtiger Mann, der keine Nebenbuhler ertragen kann. Was für ein Vaterbild, durch die Übersetzung suggeriert: er sei ein »eifernder« oder gar »eifersüchtiger« Gott – gewalttätig und ängstlich zugleich, den Übervätern und Fundamentalisten aller Farben eine hoch willkommene Rechtfertigung!

Aber dieser Gott mit dem Namen »Ich bin da«, der Inbegriff allen Trostes ist, ist doch nicht einer unter vielen in der Konkurrenz eifersüchtiger Liebhaber, die alle nur das eine wollen: allein besitzen. Seine leidenschaftliche Liebe macht nicht abhängig, sondern frei. Es sind nicht gleichrangige und gleichartige Götter im Angebot, zwischen denen der Mensch wählen könnte, doch in der Freiheit die ihm gegeben ist, geht es um Tod oder Leben.

1.3 den Allmächtigen

Wenn wir von Gottes Allmacht sprechen, geht es um die ganze Welt. Die ganze Welt in Gottes Hand – was für ein umfassender, ein letzter Trost! Wenn es doch so wäre! Wenn es doch deutlicher zu erkennen wäre! Doch in was für einem Zustand präsentiert sich unsre Erde: nicht mehr als der schöne Garten, uns Menschen von Gott gegeben, damit wir ihn bebauen und bewahren. Sie ist zum Schlachtfeld eines gnadenlosen Kampfes um Macht und Reichtum geworden. Die einen häufen alles an, die anderen sind ohnmächtig dem Hunger ausgeliefert. Die einen machen wahnwitzige Pläne, die Gestirne zu erobern, während die anderen nicht wissen, was sie ihren Kindern morgen zu essen geben sollen. Die einen rufen uns als »Verbraucher« (was für ein Titel!) auf, immer mehr zu konsumieren, die anderen suchen im Müll der Großstädte nach Resten von Essbarem für den schlimmsten Hunger. Was haben sie aus dieser Erde gemacht!

Auch wenn ich mir sage, dass die Welt noch etwas anderes ist als das Konstrukt, das uns die Medien bieten, wenn ich beiseite lasse, was uns wohl nur aus Freude am Katastrophalen dargeboten wird – es bleibt zum Verzweifeln genug. Wenn Gott allmächtig ist – warum lässt er das alles zu? Warum stehst du so ferne?

1.3.1 Allmächtig *und* gut?

Der Atheismus begreift dies als das unwiderlegliche Argument für die Nichtexistenz Gottes. Der Schmerz ist, so lässt Georg Büchner in »Dantons Tod« Payne, den einen der Gefangenen argumentieren, »der Fels des Atheismus«; denn: »Man kann das Böse leugnen, aber nicht den Schmerz; der Verstand kann Gott beweisen, das Gefühl empört sich dagegen ... Warum leide ich?« Im Angesicht des Leidens drängt sich die Schlussfolgerung auf:

> Ist Gott gut und allmächtig, dann darf er solches Leid nicht zulassen.
> Also entweder: Gott ist gut, dann kann er nicht allmächtig sein.
> Oder: Gott ist allmächtig, dann ist er nicht gut.

Warum lässt er so viel unsägliches Leid zu, wenn er denn wirklich gut und allmächtig ist? Ist er am Ende selbst der Verursacher? In der Zeit der Aufklärung war es das verheerende Erdbeben von Lissabon, das sich dem Glauben an Gottes gütige Weltregierung wie eine unüberwindliche Barriere in den Weg stellte. Im 20. Jahrhundert waren es die Orgien der Vernichtung, die Menschen anderen bereiteten und die Gott offensichtlich nicht verhindern wollte – oder konnte? Auschwitz ist für uns der Name für den Gipfel des Grauens schlechthin.

In der Erinnerung an die Ankunft in Auschwitz schrieb Elie Wiesel:

»Nie werde ich diese Nacht vergessen, die erste Nacht im Lager, die aus meinem Leben eine siebenmal verriegelte lange Nacht gemacht hat.

Nie werde ich diesen Rauch vergessen.

Nie werde ich die kleinen Gesichter der Kinder vergessen, deren Körper vor meinen Augen als Spiralen zum blauen Himmel aufstiegen.

Nie werde ich die Flammen vergessen, die Meinen Glauben für immer verzehrten.

Nie werde ich die Augenblicke vergessen, die Meinen Gott und meine Seele mordeten ...« (Elie Wiesel, Die Nacht, Freiburg 16. Aufl. 1996, S. 56).

Inzwischen gibt es viel zu viele Namen, die für die Betroffenen ähnliches Grauen bedeuten. Dazu ist die Einsicht unabweisbar geworden, dass der weltweit regierende Hunger ebenso von Menschen verursacht ist wie die Klimakatastrophen. Max Frisch hat Gott in einem Fernsehgespräch deshalb »bad engineering« vorgeworfen, grobe handwerkliche Unzulänglichkeiten bei der Erschaffung der Welt, besonders des Menschen. Die Frage nach Gottes Weltregierung aber wird dadurch nicht gegenstandslos, sondern nur noch dringlicher: Die Katastrophen treffen ja in der Regel nicht die Verursacher, sondern Unschuldige. Gewiss: Sie werden nicht von Gott angerichtet, sondern von Menschen; doch warum müssen gerade die Unschuldigen so darunter leiden?

Die klassischen Argumente gegen den Glauben an den allmächtigen Gott bedienen sich einer scharfen Logik. Doch die emotionalen Erfahrungen menschheitlicher und persönlicher Katastrophen machen es uns noch schwerer. Sie erschüttern das Grundvertrauen: Sprechen sie nicht aller Hoffnung Hohn, dass Gott seine Augen offen stehen hat über dieser Erde? Dass er gar mitfühlt mit den leidenden Menschen auf ihr und sie behütet und bewahrt?

1.3.2 Warum?

Die mit logischer Schärfe vollzogene Schlussfolgerung, dass Gott also nicht existiert, ist eine Antwort, die jede Hoffnung fahren lässt. Die Bibel widerspricht ihr mit aller Leidenschaft, sie antwortet anders, mit einer Gegenfrage. »Ist der Herr mit uns – warum ist uns denn das alles widerfahren?« fragt Gideon, einer der Größten in der Reihe der Richter (Ri. 6,20). Immer und immer wieder, im Buch Hiob, aber auch bei Jeremia und in den Psalmen, wird diese Frage gestellt: Warum?

Was geschieht in dieser Frage? Sie ist nicht nur Klage, sondern Anklage: Sie klagt Gott an und lässt ihn nicht los. Ich weiß nicht, wo es in der Religionsgeschichte etwas Vergleichbares gäbe. »Mein Gott, warum hast Du mich verlassen?« (Ps. 22,2) Wir kennen diesen Schrei auch aus dem Neuen Testament. Er spricht nicht nur von Verlassenheit, sondern Gott bleibt »mein Gott«. Ohne diese Anrede »Mein Gott« würde die Frage »Warum« gar nicht mehr gestellt.

Die Schlussfolgerung, Gott sei wohl doch nur eine Illusion, ist demgegenüber eine Ausflucht. Nicht nur die Psalmen, auch Hiob und der Prophet Jeremia kennen die Tiefen des Leidens und der Verzweiflung. Sie hadern nicht nur, sie schreien Gott ihre Anklage ins Gesicht. Jeremia wirft alles hin und kündigt seinen Dienst auf. Doch die Folgerung, dass es »Gott nicht gibt«, wäre läppisch gegenüber dieser Leidenschaft der Klage und Anklage, eine ahnungslose Besserwisserei.

Ist vielleicht etwas falsch schon im Ansatz unserer Frage, ob »es Gott gibt«? Ist sie nicht aus einer überheblichen Distanz gestellt? Wer bin ich, dass ich mir anmaßen könnte, so »objektiv« über Gott zu urteilen, über sein Sein oder Nichtsein? Schon das Wort »über« ist da ja verräterisch. Von allen Erfahrungen, in deren Tiefe Gott uns begegnet, habe ich mich in dieser Attitüde allzu weit entfernt.

Die Bibel antwortet mit der Gegenfrage: Warum? Warum stehst du ferne? Warum zögerst du? Warum stehst du nicht auf? Warum hilfst du nicht? Schon in unserer Erinnerung an die Erfahrungen der Schoa gewinnt die Frage eine unerhörte Dringlichkeit. Was sie für die unmittelbar Betroffenen und Überlebenden bedeutet, können wir nicht ermessen. Und diese Frage: Warum? Warum hast Du das zugelassen? wird nicht gelöst, sie lässt sich nicht erledigen, durch keine Antwort, sie bleibt offen.

Doch wir können nicht aufhören, sie zu stellen. Und eindringlicher als alles Reden über Gott zeigt diese Frage, die nicht schweigen will, dass Gott nicht ein Konstrukt unserer Wünsche ist; wir suchen und fragen nach dem wirklichen Gott, nach Ihm selbst, nach dieser uns immer wieder unfassbaren Wirklichkeit.

Die unstillbare Frage »Warum?« hält die Gottesfrage offen. Ihr gegenüber ist der Versuch absurd, Gott in korrekten Begriffen zu definieren. Wir können nur immer wieder neu nach Gott zu fragen beginnen. Und dabei werden wir hin und wieder auch Andeutungen einer tröstlichen Antwort entdecken, auch wenn es nie die Antwort ist, die ein für allemal das Rätsel des Leidens löst.

> Und ob ich schon wanderte im finstern Tal,
> fürchte ich kein Unglück,
> denn Du bist bei mir (Ps. 23,4).

So wird das Licht der Gegenwart Gottes in alle Tiefen des Leides hineingetragen, auch in den Abgrund der Todesschatten (das wäre die wörtliche Übersetzung). Elie Wiesel berichtet von einem Midrasch, der auf die Frage nach dem Rätsel des Exils, der immer wiederholten Vertreibung Israels, eine erste Antwort anklingen lässt. Dort sagt der Heilige zu den Kindern Israels: »Wie ihr Mein Land verlassen habt, so bin auch Ich weggegangen, um mit euch zurückzukehren.« Und das sagt: »Was uns zustößt, läßt ihn nicht unberührt … Wir gehen den gleichen Weg« (Alle Flüsse fließen ins Meer, Hamburg 1995, S. 142).

In aller Trauer brennt ungestillte Liebe, in allen ihren Tränen brennt der Wunsch, gehört zu werden, nicht ins Leere zu trauern. Es ist keine Lösung, aber ein erster Trost, dass Gott dies wahrnimmt: »ohne Zweifel: Du zählst meine Tränen« (56,9). Was wird Gott daraus machen?

Dann einmal, so sagt der 126. Psalm, werden wir sein wie die Träumenden:

Die mit Tränen säen,
werden mit Freuden ernten.
Sie gehen hin und weinen
und tragen edlen Samen
und kommen mit Freuden
und bringen ihre Garben!

So antwortet der Psalm auf eine generationenlang wach gehaltene tiefe Trauer um die Verlorenen. Ihre Spuren haben sich in dem Feuer wahnwitziger Kriege zwischen den Großmächten verloren, doch aus den Tränen wird wie aus kostbarem Saatgut die Freude einer neuen reichen Ernte wachsen. Das ist ein Traum, der über die Lebenserwartung einer Generation weit hinausgreift, und doch sollen alle an seiner Erfüllung teilhaben. Die Hoffnung, so tief im Leben verwurzelt, kann doch nicht anders, als den Blick auszuweiten – dorthin, wo die Konturen einer neuen Welt erscheinen, in der unsere Sehnsucht ihre Erfüllung findet und unsere Frage ihre Antwort.

1.3.3 Hoffnung der Ohnmächtigen

Mit unserem Reden von Gottes »Allmacht« bewegen wir uns auf dünnem Eis. Führt es uns nicht zwangsläufig in ausweglose Situationen? Doch wie lesen wir das Glaubensbekenntnis? Als Aufzählung verpflichtender Glaubensinhalte? Dann sind wir gefangen in all den logischen und emotionalen Aporien, die der Begriff der Allmacht erzeugt. Doch spricht nicht das Bekenntnis eine ganz andere Sprache: die Sprache einer zum Widerstand entschlossenen Hoffnung? Und in dieser Sprache ist Gottes Allmacht nicht eine Definition seines Wesens, sondern ein Protest der Ohnmächtigen gegen die Allmachtsansprüche und Allmachtsphantasien der Mächtigen, die sie uns täglich zumuten.

Die Überhöhung der Macht zur Allmacht erniedrigt Menschen zu Unmenschen. Grauenhafter Inbegriff menschlichen Allmachtsstrebens war und ist die Atombombe. Mit ihr hat der Mensch tatsächlich eine Art von Allmacht gewonnen: Die heute noch verfügbaren nuklearen Waffen genügen, um alles Leben auf der Erde auszulöschen. Ja, ihre Vernichtungskapazität ist ein Mehrfaches dessen, was dazu nötig wäre. Das zeigt die Irrationalität dieser Rüstung.

Sie legt tatsächlich eine Allmacht der Zerstörung in die Hände der Menschen. Die Verehrung solcher Macht schlug sich in der Alltagssprache auf bestürzende Weise nieder: Nach den spektakulären Experimenten mit der neuen Wasserstoffbombe wurde sie in der Umgangssprache zu einem geläufigen Adjektiv, das den Superlativ der Bewunderung ausdrückte: »Atomic!!«

Ein Stück von dieser Allmacht der Zerstörung hat jeder in der Hand, der eine Waffe trägt: Er kann Menschenleben auslöschen, endgültig, und wir sind ohnmächtig dagegen. Was bleibt den Ohnmächtigen anderes, als auf eine größere Macht zu hoffen, die Leben bewahrt?
Wir haben gelernt: Es ist sinnlos, den Gewalttätern mit einer Macht zu drohen, über die sie auch selbst verfügen. Wenn wir auf Gottes Macht hoffen, denken wir an eine andere Macht als die der Gewalttäter. Deren Allmacht ist nur die der Zerstörung; schon die Wiederherstellung des Zerstörten liegt nicht mehr in ihrer Macht, das erleben wir ständig. Unsere Hoffnung sucht dagegen eine schöpferische, Leben schaffende Macht.
Daran begreifen wir: Es ist eine sinnlose Hoffnung, Gott mit einer Macht ausgestattet zu denken, die zerstörerisch ist wie die der Gewalttäter, nur – wenn das überhaupt möglich ist – noch furchtbarer. In nicht wenigen Vorstellungen des Jüngsten Tages erscheint er so. Die nukleare Zerstörung könnte dann sein Werk und Wille sein. Damit verwischen wir gefährlich die Konturen.
Bachs Zeitgenossen konnten noch meinen, mit der sehnsüchtigen Bitte »Knalle, Schalle, letzter Schlag« (in der Kantate »Wachet, betet«) allein an Gottes Macht zu appellieren; wir haben lernen müssen, dass wir mit solchen Bildern der Zerstörung nur der Sucht nach dem großen Crash genüge tun. So manifestiert sich die Macht der Götzen, nicht aber Gottes Macht.
Was sollen wir hoffen für eine Menschheit, die so heillos in Machtkämpfen zerstritten ist? Wie besessen jagen die, die es können, immer größeren Verheißungen von Macht und Reichtum nach und lassen die anderen in ihrer Armut trostlos zugrunde gehen. Wie soll Gott alles aus dieser Besessenheit noch zu einem guten Ende führen? Durch einen gewaltigen Schlag: »Knalle, schalle, letzter Schlag« –? Muss er eben so gewalttätig sein wie seine Widersacher?
Wenn wir unsere Hoffnung auf Gottes Allmacht setzen, dann meinen wir seine schöpferische, Leben schaffende und bewahrende Macht. Das müssen wir unmissverständlich sagen. Die Macht der Gewalttäter kann Leben zerstören, endgültig; sie könnte auch alles Leben auf der Erde zerstören – sie kann nicht ein einziges Menschenleben schaffen, das ist der Unterschied. Die Bibel zeigt uns diesen Unterschied schon in den ersten Kapiteln in der Geschichte, die von der Schöpfung aus dem Paradies hinaus zu Kain und Abel hinführt.
Das wortkarge Bekenntnis aber, dadurch noch strenger als die Bibel zu genauester Formulierung verpflichtet, ist hier schon in der Reihenfolge der Begriffe sehr beredt. Der für sich genommen gefährliche Begriff der Allmacht ist eingebunden in einen Zusammenhang, der ihm diese Gefährlichkeit nimmt. Der Allmächtige ist der Schöpfer des Himmels und

der Erde; daran ist die Art seiner Allmacht zu begreifen. Zuallererst aber wird er Vater genannt, und damit werden wir aufgefordert, uns vor allem anderen auf die Erfahrungen der Güte einzulassen, auf die Geborgenheit, die dort zu finden ist inmitten der Angst, auf den Trost, dass mein Schreien gehört (Ps. 6,9; 2. Mose 3,9) und meine Tränen gesehen werden (Ps. 56,9). Ich bin nicht allein, »Du bist bei mir, Deine rechte Hand hält mich« (Ps. 23,4; 63,9).

Das ist die erste und grundlegende Gotteserfahrung, die alle machen können, ohne jede Voraussetzung, wenn sie sich nur auf die Worte der Psalmen einlassen. Mit Kindern haben wir dies immer und immer wieder erlebt, auch mit denen, die ohne alle religiösen Voraussetzungen in unseren Unterricht kamen. Sie müssen nicht zuerst überzeugt werden, dass »es Gott gibt«. Es ist, als ob ihnen in den Worten der Psalmen auf einmal etwas aufgeht, das sie lange entbehrt, nach dem sie sich lange gesehnt haben. Hätten wir dagegen, so wie es lange üblich war, gleich mit der Behauptung der Allmacht Gottes begonnen, so als sei sie das Erste und Grundlegende, das an Gott wahrzunehmen sei, dann wäre die Tür ins Schloss gefallen, die Offenheit verspielt, das Gespräch festgefahren, noch ehe es begonnen hatte. Die Frage ist schon bei Kindern unausweichlich, warum denn ein allmächtiger Gott all das Schlimme und Böse zulässt. Das Reden von Gott wird so zu einer Zumutung: Ich soll an Güte glauben und Dankbarkeit üben und nehme doch ganz anderes wahr. Statt der ersehnten Geborgenheit empfinde ich den Druck zur Unterwerfung, ich soll mich dankbar geben, wo ich aufbegehren möchte.

Hoffnung ist nicht aus einem Gottesbegriff zu gewinnen, der in äußerster Abstraktion von Gottes absoluter Allmacht spricht, so als gehöre dies notwendig zu Gottes Wesen. Dem Menschen kommt dann (so in einer Formulierung Schleiermachers) nur noch »das Gefühl schlechthinniger Abhängigkeit« zu. Wie soll es bei einem so allmächtig gedachten Gott überhaupt noch zu einem Dialog mit dem Menschen kommen? Der Gedanke, dass Gott ohnehin alles in allem wirke, was immer geschieht, nimmt den Leidenden jede Motivation zum Widerstand; und das ist für die Hoffnung tödlich.

Die Bibel hat für eine derart lähmende, alle Hoffnung tötende Vorstellung gar keinen Begriff; weder in der hebräischen noch in der griechischen Sprache gibt es ein Wort für solche Allmacht. In der hebräischen Bibel wird Gott zuweilen der »Höchste« genannt, aber das ist etwas anderes, konkret und nicht abstrakt: der Höchste unter denen, die diese Welt regieren und den Anspruch erheben, Götter zu sein. In der griechischen Übersetzung des Alten Testaments, der Septuaginta (LXX), steht an seltenen Stellen das Wort Pantokrator, Allherrscher. Doch auch da ist es ein Wort der Hoffnung, dass Gott sich zuletzt erweisen wird als der wahre Herrscher und damit der Überheblichkeit der Mächtigen und all ihren vermessenen Pantokrator-Träumen ein Ende setzt; und dann wird »alles Fleisch das Rettende Gottes sehen« (Jes. 40,5).

Erst mit der lateinischen Sprache kommt der gefährliche Begriff der Omnipotenz ins Spiel. Auch dieser wird zunächst im Sinne des biblischen Pantokrator gebraucht: Am Ende wird es sich erweisen, dass er der Herr über alles ist. In diesem Sinne steht das Wort im Apostolikum. Doch ist der Begriff der Omnipotenz nun auch offen für eine zeitlos abstrakte Deutung: so als gehöre es zum Begriff Gottes, dass er in der Lage ist, »omnipotent« jederzeit überall alles zu tun, was er will. Das aber ist eine Gottesvorstellung, die der Bibel völlig fremd bleibt und einer Hoffnung, die sich der Diktatur des Faktischen widersetzt, jede Chance nimmt.

So wie uns die Bibel Gott vorstellt, ist er vor allem anderen ein Gott der Liebe, voller Barmherzigkeit, ein Gott der großen Leidenschaft und zugleich der großen Geduld. In allem ist er ein Gott der Menschlichkeit. Der abstrakte Allmachtsbegriff aber ist unmenschlich: Wer hätte denn im Umgang mit einem geliebten Menschen, gar mit einem Kinde, je die Macht, alles zu tun, was er will? Wer sollte in einer Beziehung der Liebe überhaupt diese Macht erstreben? Diese Macht wäre doch nur zerstörerisch, der Tod jeder Liebe; ihre Gewalt könnte wohl Abhängigkeit erzeugen, Unterwürfigkeit, aber sie wäre das Ende der Freiheit und damit der Menschlichkeit.

Lange Zeit war die Allmacht im Gottesbegriff selbstverständlich mit inbegriffen. Diese Selbstverständlichkeit ist uns genommen. Doch nicht erst uns, das zeigt schon das Bekenntnis. »Ich glaube«, so sagt er, an Gott, den Allmächtigen – das heißt: Offensichtlich auf der Hand liegt seine Allmacht gerade nicht; der Augenschein spricht entschieden dagegen, und in dem »ich glaube« ist immer schon das Trotzdem mitgesagt: Trotz allem glaube ich an Gottes Allmacht. Das ist ein Wort des Protestes und der Hoffnung.

Das Bekenntnis legt auch Widerspruch ein gegen noch ganz andere Formen des Allmachtsglaubens: Da wird in philosophisch gebildeten Kreisen, die ihre Überlegenheit gegenüber den politischen Machtspielen bewahren wollen, die letzte Macht dem Lauf der Zeiten und dem Schicksal zugeschrieben, allen göttlichen und menschlichen Herrschern zum Trotz – so wie es Goethes Prometheus dem Göttervater Zeus ins Gesicht schleudert:

> Hat nicht mich zum Manne geschmiedet
> die allmächtige Zeit und das Schicksal,
> meine Herren und deine?

Für die unerbittliche Macht des Schicksals stehen die unbeirrbaren Bahnen der Sterne, doch die Bibel hat sie schon mit den ersten Sätzen in den Dienst der Menschen gestellt (1. Mose 1,14), und so schließt hier das Bekenntnis den lähmenden Glauben an ihre Allmacht aus.

Noch bedrohlicher ist es für die Menschlichkeit, wenn partielle Erfahrungen, die Lebenssteigerung verheißen, absolut gesetzt und so zu Göttern werden; so in dem dunklen Satz des Heraklit, nach dem »der Krieg der Vater aller Dinge« ist (für viele ist er ja tatsächlich Vater und Ernährer bis heute). So konnte auch die Fruchtbarkeit als die Mutter von allem mit Allmacht bedacht und verehrt werden, oder der Handel, die kommerzielle Blüte, als das alles beherrschende Gesetz; heute heißt es: der Markt. Herrschafts- und Unterwerfungsgesten sind hier eng benachbart; und wo ihnen Allmacht zugestanden wird, fordern auch diese Götter ihre Menschenopfer, nicht nur der Krieg.

Gottes Macht ist in der Bibel anders definiert: Der Himmel und Erde gemacht hat, ist ein Gott,

> der Recht schafft denen, die Gewalt leiden,
> der die Gefangenen frei macht,
> der aufrichtet, die niedergeschlagen sind (Ps. 146,6–8).

Das gibt dem Wort »Allmacht« im Bekenntnis ein anderes Vorzeichen: Es bleibt nicht mehr ein Wort der schlechthinnigen Unterwerfung, sondern wird zu einem Wort des Widerstandes und der Hoffnung.

Das ist nun allerdings ein Glaube, der Vergewisserung braucht. Ich brauche für diese Gratwanderung ein Geländer, an das ich mich halten kann, um nicht abzustürzen. Ich brauche vor allem Argumente gegen den Verdacht, dass ich mich mit meiner Hoffnung an Illusionen hänge, an erträumte Wunschbilder, die nur Gegenbilder sind zu meiner täglichen Erfahrung.

Das Bekenntnis trägt dem Rechnung. Der so schwer fassbare Name des Allmächtigen steht zwischen zwei anderen Namen, die unmittelbar tröstlich sind: dem des Vaters und dem des Schöpfers. Und das sagt: Von all den tröstlichen Erfahrungen mit der Güte des Vaters herkommend, kann ich nun auch seine Allmacht in der umfassenden unermesslichen Güte des Schöpfers erahnen.

1.4 Schöpfer Himmels und der Erde

> Ich hebe meine Augen auf zu den Bergen.
> Von woher wird mir Hilfe kommen?

So beginnt der 121. Psalm: Die Augen suchen am Horizont nach irgendeinem tröstlichen Anzeichen der so dringend ersehnten Hilfe. Dann aber wenden sie sich nach innen und sehen:

Meine Hilfe kommt von Ihm,
der Himmel und Erde gemacht hat.
Er wird deinen Fuß nicht gleiten lassen,
und der dich behütet, schläft nicht.

Wieder ist es – wie in vielen anderen Psalmen – zunächst der Name Gottes, der tröstet und Hilfe verbürgt. Er sagt: Ich bin da. Doch dieser Name wird verbunden mit der Erinnerung an den Anfang der Bibel, den Anfang der Welt: Am Anfang schuf Gott Himmel und Erde. Der Psalm spricht so, als hinge die Gewissheit: Der dich behütet, schläft nicht! an der Erinnerung an den Anfang der Welt, die ganz persönliche Geborgenheit an der großen Ordnung des Kosmos.

Und das begreife ich sehr gut – gerade in den Augenblicken, in denen mir die Geborgenheit abhanden kommt und mich die Frage anfällt, wie ich – ja doch nur ein Staubkorn, verloren in der eisigen Weite des Alls – mich so wichtig nehmen kann. In diesen Jahrmillionen ist mein Leben weniger als ein kleiner Funke, der verglüht; und ich denke, mein Leid und mein Glück sei unermesslich wie eine ganze Welt, so schwer und so tief! Dabei ist unsere Erde nur ein Körnchen Sand im Sonnensystem, unsere Sonne nur ein Nebeltropfen in der Milchstraße, und selbst unsere Milchstraße ist nur ein Nebel unter vielen.

Was gibt mir die Kühnheit zu denken, dass da mein Schreien gehört wird? Dass ich in dieser grenzenlosen Kälte nicht verloren bin? Ich glaube an Gott den Vater, lässt mich das Bekenntnis antworten und erinnert mich damit an die Grunderfahrung: Du tröstest mich in der Angst, deine Hand hält mich fest (Ps. 4,2; 63,9).

Doch auch diese Worte könnten sich in der kalten Endlosigkeit des Alls verlieren, wäre da nicht noch mehr zu sagen. Wer ist es, zu dem ich sage: Meine Zeit steht in Deinen Händen? (Ps. 31,16) Es ist der Schöpfer des Himmels und der Erde, der auch mich geschaffen hat und mich nicht verloren gehen lässt. »Wenn ich sehe den Himmel, Deiner Hände Werk, den Mond und die Sterne, die Du gemacht hast – was ist der Mensch, dass Du an ihn denkst, und des Menschen Kind, dass Du Dich seiner annimmst?« fragt der Psalm (Ps. 8,4f).

Das ist eine erstaunliche Identifikation: »der Du Mond und Sterne gemacht hast« und »der Du mich tröstest in der Angst«; aber leichter ist Geborgenheit nicht zu gewinnen. Von dieser Entdeckung überwältigt, spricht der Psalm von der Würde und dem Gewicht, die Gott dem Menschen gegeben hat (Ps. 8,6).

»Und eben diese Ineinssetzung ist es«, schreibt Franz Rosenzweig, »die mit ihrer aus dem ICH BIN DA-Ruf vom brennenden Dorn hervorschlagenden Glut in den Gottesnamen die ganze Bibel in eins schmiedet, indem sie überall die Gleichung des Gottes der Schöpfung mit dem mir, dir, jedem Gegenwärtigen vollzieht« (ebd.).

1.4.1 Von allen Seiten umgibst Du mich

Das ist die Grundüberzeugung der Psalmen: »Der Herr hört, wenn ich ihn rufe« – ohne diese Erwartung wäre keine Zeile von ihnen aufgeschrieben worden. »Frühe sollst Du meine Stimme hören« (Ps. 5,4); darauf lasse ich mich ein, doch was bekommt er da täglich von mir zu hören? Was ist das für ein Chor, dessen Stimmen, wenn die Grenze des neuen Tages rund um die Erde wandert, millionenfach zu ihm dringen? Wie viele Seufzer, Ängste, Sorgen, Klagen steigen da in die Höhe, aus Bedrängnis geboren und aus Selbstmitleid, aus Schmerzen und aus Trägheit, aus der Schwere der Glieder und der Seele! Was für eine Symphonie des Stöhnens!

Sollte da nicht, mit dem Licht des beginnenden Tages, zunächst eine ganz andere Symphonie zu hören sein? Ein Aufatmen und Staunen über das Wunder des neuen Lichts, die Wiederkehr der Farben in meinen Augen, die Stimmen der Vögel in meinen Ohren? Ängste sind da, aber doch auch genug Luft zum Atmen, Sorgen wachen auf, doch mit ihnen die Erinnerung, wie viel Bewahrung da schon im Spiel war und mit wie vielem ich täglich ausgestattet bin, noch vor all meinem Sorgen.

Ist denn die Überfülle des Stöhnens und der Angst unserer Wirklichkeit gemäß? Wäre es nicht meine Sache, dafür zu sorgen, dass in diesem Chor auch die anderen Stimmen deutlicher zu hören sind, die erst einmal staunen und loben und danken? Wäre es nicht Anlass zu tiefem Erstaunen und ebenso tiefem Dank, dass die Sonne wieder mir zu Diensten ist, ebenso wie mein Herz und meine Augen und meine Hand? Dass ich mit den Vögeln, die an meine Fenster kommen, reden kann ebenso wie mit den Blumen in meinem Garten?

Es ist mit dem Vertrauen auf Gottes Hand, die mich hält, beim Beten wie in der Liebe zwischen zwei Menschen: Zuerst ist sie ein vorsichtiges, von Angst besetztes Hineingehen, in ein wachsendes Vertrauen, von schmerzhaften Missverständnissen begleitet. Aber die Liebe hat auch noch eine ganz andere Sprache: die des großen Erstaunens und die des wahrhaft unermesslichen Glücks. Wie bist du schön! Die Liebenden haben es oft schwer, dafür Worte zu finden; und auch das gehört zu unserem Reden mit Gott: eine Sprache zu finden für das große Erstaunen über die unermessliche Weite und Tiefe, die sich da öffnet, und für das übergroße Glück des Lebens und der Liebe, der Bewahrung und der Geborgenheit.

Im Hohelied kehren die Liebenden immer wieder zurück zu dem Satz:

Wie bist du schön! Und so tun es auch die Psalmen: Du, mein Gott, wie schön bist du! Wie bist du prächtig geschmückt! (104,1) Und auch so könnte doch mein Tag beginnen, dass ich mit dem ersten Licht, das in mein Auge fällt, begreife, wie mein Tag, mein Leben getragen ist von einem Netz von Güte und Schönheit. »Licht ist dein Kleid, das du anhast«: So lässt das Licht des beginnenden Tages mich erfahren: »Ich bin da, ich bin bei dir!« Und wenn ich sehe, wie dieses Licht allem Gestalt und Farbe gibt; dann begreife ich mit Ernesto Cardenal: »Auch die Dinge sind eine Botschaft seiner Liebe« (Das Buch von der Liebe, Wuppertal 1971).

Ich merke, wie jeder Atemzug ein Geschenk ist, Lebensodem Gottes, wie ich umgeben bin von so viel fürsorglicher Güte und überwältigender Schönheit, wie erstaunlich mein Leben ist, von wie viel bewahrender Güte getragen, schon im Augenblick der Geburt: ja, auch den Anfang meines Lebens habe ich nicht selbst gemacht, Deine Augen sahen mich, ehe ich geboren bin (Ps. 139,16). Ich begreife, es ist buchstäblich wahr: Von allen Seiten umgibst du mich und hältst deine Hand über mir. Solche Erkenntnis ist mir zu wunderbar und zu hoch, ich kann sie nicht begreifen! (139,5f)

Und so lerne ich, was loben heißt: Es ist nichts anderes als ein bewusstes Atmen. Das Atmen gehört zu den unscheinbarsten Lebensäußerungen; es geschieht unbewusst, auch im Schlaf, ganz selbstverständlich. Doch es gehört auch zu den sichersten Lebenszeichen: Ja, ich kann noch atmen. Den Atem habe ich nicht aus mir selbst; ich bin darauf angewiesen, dass ich Luft habe zum Atmen. Wenn der Atem ausbleibt, regiert die Angst.

So selbstverständlich mir der Atem ist, so nahe ist er am Geheimnis meines Lebens. Es ist Gottes Atem, sagt die Schöpfungsgeschichte, der mich zum Leben erweckt. Es ist sein Geschenk, dass sich die Luft um mich in meinem Atem in Energie des Lebens verwandelt. So atme ich nun mit jedem Atemzug Gottes Atem. Im Alltäglichsten habe ich es mit ihm zu tun. Wieder kann ich nur mit den Worten des Psalms sagen: Solche Erkenntnis ist mir zu wunderbar und zu hoch, ich kann sie nicht begreifen.

Jeder Atemzug lässt mich teilhaben an Gottes Wirklichkeit. Wie oft habe ich Sehnsucht, aus dem Alltäglichen auszubrechen und etwas Begeisterndes zu erleben. Doch ich beginne zu begreifen: Lebte ich bewusst, dann könnte jeder Atemzug den Bann des Alltäglichen lösen und mich Gottes Nähe in meinem Leben erfahren lassen.

Schließlich: In diesem Gespräch mit Gott denke ich auch an die Menschen, die ich liebe und um die ich mich sorge. Dafür ist unser Begriff »Fürbitte« viel zu eng. Mit meinem Gedenken nehme ich teil an Gottes Gedenken. Ich denke an sie mit meiner ganzen Seele, und das heißt in der Sprache der Bibel :»segnen«. Und schließlich werde ich lernen, wie auch dieses Segnen in der anderen Richtung zum Beten gehört, so wie es

am Anfang der großen Lobpsalmen (103, 104, 146) steht: Segne den Herrn, meine Seele! – Zum Beten gehört, ihn zu segnen mit meiner ganzen Seele.
Und das will ich lernen, mehr und mehr, an jedem neuen Tag: Ich will den Herrn loben, solange ich lebe, und meinem Gott singen, so lange ich da bin. Wach auf meine Seele, wach auf! Mit diesem Weckruf öffne ich meine Seele am Morgen für die mich begrüßende Güte Gottes.
So gehört zum Gespräch mit Gott auch die Sprache des großen Glücks – wie arm wäre die Liebe ohne diese Sprache, Sprache des Überschwangs, die auch beim Apostel Paulus immer wieder aufflammt und die Strenge der Argumentation durchbricht. Doch das große Glück, das Vertrauen kennt Einbrüche. Wenn alles doch nur Illusion wäre? Gewiss wäre es immer noch die lohnendste. Doch das hilft nicht weit genug.

1.4.2 Wie schwer sind für mich, Gott, deine Gedanken

Ernesto Cardenal hat, wie die Klage, so auch das Lob der Psalmen in die Sprache heutiger Welterfahrung übertragen (Lateinamerikanische Psalmen, Psalm 19):

> Die Milchstraßen singen Gottes Ruhm.
> Arktur ist zwanzigmal größer als die Sonne
> und Antares fünfhundertmal heller als ihr Schein.
> Alpha des Orion entspricht 27 Millionen Sonnen,
> und Aldebaran hat einen Durchmesser von 50 Millionen Kilometer;
> Alpha der Leier, dreihunderttausend Lichtjahre von uns entfernt,
> und der Nebel des Bootes, zweihundert Millionen Lichtjahre weit,
> sie alle künden das Werk seiner Hände.
> Im Universum gibt es – soweit wir heute erkennen –
> hundert Millionen Milchstraßen,
> die sich in einem riesigen Karussell
> wie Musikkreisel drehen.
> Die Sonne zieht ihre gewaltige Bahn
> im Tempo von 72 000 Kilometern pro Stunde,
> und sie weicht nicht einen Zentimeter von ihrer Bahn.

Der gestirnte Himmel über mir – noch immer lässt mich sein Anblick die Grenzen meines Begreifens begreifen. Schon die Entfernung zu den nächsten Sternen übersteigt mein Vorstellen, doch jenseits unseres kleinen Planetensystems wird alles gänzlich unvorstellbar: die Entfernung und Größe der Fixsterne, die sich in Milchstraßen wie zu winzigen Tropfen eines Nebels verflüchtigen, die festen berechenbaren Bahnen der Gestirne, die unvorstellbare Gewalt des Chaos, aus dem diese Ordnung erwuchs, und mitten darin als ein kleines Staubkorn unser wunderbarer blauer Planet, weit und breit der einzige, auf dem sich Leben findet. Die Zeiten und Entfernungen und die Geschwindigkeit und Ordnung der Bewegungen übersteigen mein Verstehen ebenso wie das andere: dass auf diesem kleinen Sandkorn Erde Milliarden von Menschen leben, von denen jeder in sich eine ganze Welt trägt.

Auch der Blick in das Innere ist von unvorstellbarer Weite und Tiefe, nicht nur wie für Kant das »moralische Gesetz in mir«, sondern schon die kleinste Regung kann mich mit tiefem Staunen erfüllen: wie es dazu kommt, auf welchen geheimnisvollen Bahnen, dass meine Hand, jeder einzelne Finger, genau die Bewegung ausführt, die mein Kopf ihm vorgibt ? Mit welchen geheimnisvollen Energien vollzieht sich dieses Zusammenspiel so, dass alles seinen Sinn hat?

Einzelne Störungen können wir eingrenzen und analysieren, manchmal auch reparieren, doch den Sinn und Bauplan des Ganzen? Und dann die ungeheuren, belebenden oder zerstörenden Kräfte, die aus den Tiefen des Unbewussten auftauchen? Ich bin weit entfernt davon, auch nur kleine Teile von dem zu verstehen: Was spielt sich da in jeder Minute in mir als eine ungeheuer komplizierte, doch bis in die kleinsten Details hinein aufeinander abgestimmte Sinfonie ab!

Simone Weil hatte Recht: Wir haben es in unserem Leben weit mehr mit Geheimnissen zu tun als mit Erklärbarem. Darunter sind abgründige Geheimnisse, aber auch die immer neu unfassbaren Wunder des Glücks, der Liebe und der Schönheit. Soll ich im Ernst glauben, das alles sei aus Zufällen entsprungen, die vollkommene Schönheit eines Vogels oder eines Baumes oder eines Sonnenaufganges, auch die Menschen, die ich liebe, die Kinder, auch ich selbst? Ist das nicht eine zynische Zumutung? Kinder jedenfalls, die gerade beginnen, ihr Ich zu entdecken, wehren sich mit allen Kräften dagegen.

Wenn ich Argumente suche gegen den Absturz in die völlige Einsamkeit und Sinnlosigkeit, dann finde ich sie nicht in der Logik des Verstandes, sondern in solchen Entdeckungen. Sie liefern mir keinen Gottesbeweis; wie sollte es den auch geben? Aber ich begreife, dass solche Erfahrungen von Güte und Schönheit erst dann wirklich beredt werden, wenn ich in ihnen nicht mehr ein Werk hübscher Zufälle sehe, sondern einen Gruß der Liebe Gottes, der Himmel und Erde gemacht hat – und auch mich. »Deine Augen sahen mich, ehe ich geboren bin«. Der Blick in die Tiefe des mir geschenkten Lebens bewahrt mich vor dem Absturz in die Tiefe des Nichts.

Wie schwer sind vor mir Deine Gedanken, das heißt nicht: wie schwierig sind sie, sondern wie schwer wiegen sie – anders als der Wortschwall, der uns täglich die Ohren überfüllt.

1.4.3 Am Ende bin ich noch immer bei Dir

Das Loben ist nicht nur eine Sache für glückliche Stunden. In einem Gespräch über den Satz »Ich will dir singen« hatten Kinder diese Dialektik des Lobens sofort entdeckt: »Ich will dir singen, wenn du traurig bist«, sagten sie, »... wenn einer ganz schwer krank ist«, »... wenn einer stirbt«. Loben ist nicht nur Sprache des Glücks (auch die ist lebensnotwendig), sondern häufiger noch Sprache des Widerstandes gegen die andringende Tristesse. Und den Widerstand dagegen muss ich nicht nur nach außen aufbauen, sondern auch in mir: Die Schönheit des Lebens und die eigene Kreativität zu entdecken, ist immer wieder notwendig – eine Barriere gegen die auch in mir selbst aus Ohnmachtserfahrungen wachsende Bereitschaft zu verzweifeln.

Das Schöne, die Liebe, das Glück – all das wird im Lob wieder entdeckt, und zwar nicht nur als eine gelegentlich aufblitzende kurze Erfahrung, sondern als die grundlegende Wirklichkeit, die mein Leben trägt, vom Augenblick des Aufwachens an kann ich sie so wahrnehmen. »Am Tage sendet der Herr seine Güte«, das ist die grundlegende Erfahrung des Lebens; und wenn die Dunkelheit regiert – »des Nachts singe ich ihm und bete zu dem Gott meines Lebens« (Ps. 42,9). Die Erfahrung des Tages befähigt zum Widerstand gegen die Finsternis, aber nur, wenn ich bei Tage die Augen und alle Sinne weit öffne für die Erfahrung der Güte, die mich trägt.

Es ist wahr: Wir leben in einer Welt, die gezeichnet ist von Tod und Gewalt. Doch: Stark wie der Tod ist die Liebe (Hohelied 8,6), und stärker als die Gewalt ist die Güte. Die Gewalt ist in Wahrheit gar nicht stark, auch nicht die sich aufblähende Macht der politischen Gewalttäter – sie ist nichts als nach außen gekehrte aggressive Angst.

Das Schlimme ist, dass sie so ansteckend ist. Aber: Der Gewalt widerstehen heißt der Angst widerstehen, und um das zu lernen weiß ich keinen anderen Weg als den, den die Bibel uns vorzeichnet: In der Klage der Psalmen die Chance der Geborgenheit wahrzunehmen bei dem Gott meines Lebens – und im Lob die uns von allem Anfang an tragende Güte zu entdecken, immer wieder neu, so dass sie eingeht in den Haushalt meiner Seele und die Widerstandskraft stärkt.

In der christlichen Erziehung begegnete das Lob in der Regel als Imperativ: Gewiss sind wir es Gott schuldig, ihm täglich dankbar zu sein. Doch die Imperative des Lobes haben vielen den Zugang versperrt. Schuldige Dankbarkeit, als Pflicht eingefordert, verschließt nicht nur Kindern den Mund. Aber wir können die Imperative ja auch ganz anders hören: als Weckruf, dass wir uns nicht in dem trüben Strom sorgenvoller Gedanken dahintreiben lassen, sondern uns erinnern an die große Güte

und Schönheit, die sich jeden Morgen um uns und über uns ausbreitet und offen daliegt vor unseren Sinnen.
Und ich sehe und atme und spüre diese Güte und begreife: Ich bin selbst ein Teil von ihr, geschwisterlich verbunden mit allen Geschöpfen, so wie es Franz von Assisi, der Heilige, in seinem Sonnengesang mit Worten von unvergleichlichem Glanz bewahrt hat:

> Gesegnet Du, mein Gott, mit all deinen Geschöpfen,
> zuerst mit unserer edlen Schwester, der Sonne,
> die den Tag macht, durch die du uns erleuchtest:
> Schön ist sie und strahlend im großen Glanz,
> ein Bild von dir, du Allerhöchster!
> Gesegnet Du, mein Gott,
> durch unsere Geschwister, den Mond und die Sterne:
> Du hast sie am Himmel gebildet, so klar, so köstlich, so schön!
> Gesegnet Du mein Gott durch unseren Bruder, den Wind,
> durch die Luft und Wolken, durch heitres und jegliches Wetter,
> durch das du deinen Geschöpfen Erhaltung gewährst.
> Gesegnet Du, mein Gott, durch unsere Schwester das Wasser,
> sehr nützlich ist es, bescheiden, köstlich und rein.
> Gesegnet Du, mein Gott, durch unseren Bruder das Feuer,
> durch das du uns die Nacht erhellst:
> Schön ist es und fröhlich, lebendig und stark.
> Gesegnet Du, mein Gott, durch unsere Schwester, die Mutter Erde,
> die uns trägt und ernährt und vielerlei Früchte hervorbringt
> und bunte Blumen und heilsame Kräuter.
> Du höchster allmächtiger guter Gott:
> Dein sind das Lob und die Ehre und aller Segen.

Erst allmählich beginne ich die wahre Größe Gottes zu ahnen. Überwältigend ist sie nicht nur in der unvorstellbaren Weite des Kosmos, sondern auch in der all mein Begreifen übersteigenden Vielfalt der Güte in dem Netzwerk der Schöpfung, das mich trägt.
Diese Entdeckungen aber fügen mich nicht harmonisch ein in das ganze Weltgetriebe, sondern machen mich kritisch und nötigen zum Widerspruch gegen die institutionalisierte Achtlosigkeit und gegen die Selbstverständlichkeit der Zerstörung. Es ist kein Umschwung der Stimmung, sondern nur folgerichtig, wenn es am Ende des größten Lobpsalms heißt:

> Mit den Frevlern soll es ein Ende haben auf Erden
> und die Gewalttäter nicht mehr sein! (Ps. 104,35)

Allmählich lerne ich auch noch tiefer zu begreifen, dass ich mein Leben nicht selbst gemacht und auch nicht selbst in der Hand habe; dass mir alles geschenkt ist, was mich zu einer »lebendigen Seele« macht, auch meine Zeit, jeder Tag (Ps. 31,16); ich entdecke das Netz, das mein Leben trägt, in der Weite der Schöpfung und in der gar nicht auszulotenden Tiefe der Lebensvorgänge in mir. Ich beginne daran auf noch andere Weise etwas von der Größe Gottes zu begreifen: nicht nur an den Millionen Lichtjahre entfernten gewaltigen Gestirnen, sondern auch in mir selbst, an den unbegreiflich komplexen Steuerungsvorgängen, die sich zwischen den Zellen und Molekülen meines Körpers abspielen, auch in diesem Augenblick, da ich schreibe oder lese, in meinem Gehirn.
In der Klage und an den Namen des großen Vertrauens habe ich gelernt, mit Gott auf Du und Du zu reden. Jetzt begreife ich umfassender, wer dieses Du ist. »Wenn ich sehe den Himmel, deiner Hände Werk, den Mond und die Sterne, die du gemacht hast – was ist der Mensch, dass du seiner gedenkst, und des Menschen Kind, dass du dich seiner annimmst?« (Ps. 8,4f) Wenn ich sage: »Deine Hand hält mich fest« (63,9), ist es die gleiche Hand, die der Sonne ihre Bahn vorgeschrieben und den entferntesten Fixsternen ihren Ort angewiesen hat. Die Erfahrung unendlicher Größe, die ich beim Anblick des gestirnten Himmels wahrnehme, wird von der Bibel geöffnet für die direkte Anrede: Deiner Hände Werk. Ist das naiv?
Das »moderne Weltbild« ist keineswegs so objektiv, wie es sich gibt. Auf die Frage: Was ist der Mensch? hat es eine eindeutige Antwort: nichts als ein lächerlich winziges Staubkorn in der unvorstellbaren Weite eines Weltraumes, der von tödlicher Kälte und Strahlung erfüllt ist. Dass das Weinen oder das Glück dieses Stäubchens in dieser tödlichen Weite irgendeine noch so geringe Bedeutung haben könnte, ist in diesem Kontext nur noch eine absurd groteske Vorstellung. Die Botschaft des angeblich modernen Weltbildes an den Menschen ist: Kälte, Sinnlosigkeit und Verzweiflung.
Dass das Weltbild der Bibel dagegen von einem naiven Optimismus geprägt sei und die Menschen der Bibel von dieser Verzweiflung nichts wüssten, ist selbst eine naive Unterstellung. Von dem Fortbestand der Schöpfung wird dort immer wieder als von einem großen Wunder gesprochen; dass »nicht aufhören sollen Saat und Ernte, Frost und Hitze, Sommer und Winter, Tag und Nacht« (1. Mose 8,22), ist angesichts der Gewalttätigkeit der Menschen (1. Mose 6,13) alles andere als selbstverständlich; und wenn die Psalmen sich dessen trösten, dass den Fluten eine Grenze gesetzt ist – »darüber kommen sie nicht und dürfen nicht wieder die Erde bedecken« (Ps. 104,9) –, zeigt das sehr deutlich, wie stark und wie nahe die Bedrohung durch Chaos und Untergang empfunden wird.

Dass die Erde so »fest gegründet« ist, dass sie die Zeiten überdauern kann, ist Anlass zum Erstaunen; es wird als Wunder der Schöpfung beschrieben (Ps. 104,5). Die Erde ist in der Bibel eine zerbrechliche Scheibe, rings umgeben von chaotischen Fluten, vor deren Hereinbrechen sie Gott auch durch die »Feste« bewahrt, den Himmel, der hier als die das Leben schützende Hülle begriffen wird – so wie wir ihn heute wieder zu begreifen lernen.

Darin aber entspricht das biblische Weltbild zugleich meiner Selbsterfahrung. Anders als in dem »modernen« Weltbild finden sich hier meine Selbsterfahrung und meine Welterfahrung in dem gleichen Bild: Auch mein bewusstes Ich ist ja wie eine zerbrechliche Scheibe, schwimmend auf einer chaotischen Tiefe. Dass diese zerbrechliche Scheibe nicht untergeht, ist eines der großen Wunder, ein Werk der bewahrenden Barmherzigkeit Gottes, der will, dass sich Leben auf der Erde entfalten kann wie auch ich, der ich das alles wahrnehme.

So hängt das Leben des Menschen, seine Schönheit und Würde, allein daran, dass Gott seiner gedenkt. Ein Gottesbeweis ist das nicht, schon damals nicht; aber zu fragen ist, in welchem Weltbild denn ich meine Erfahrungen mit mir selbst und mit dem Leben auf dieser Erde, mit Leiden und Glück, Sehnsucht und Hoffnung, besser wiederfinde.

Ich lasse noch einmal Wilhelm Bruners zu Wort kommen, aus dem Herzen Jerusalems, mit seinem »Rat« (ebd., S. 26:

Verabschiede die Nacht
mit dem Sonnenhymnus
auch bei Nebel

hol dir die ersten
Informationen aus den
Liedern Davids

dann höre die
Nachrichten und lies
die Zeitung

beachte die Reihenfolge
wenn du die Kraft
behalten willst
die Verhältnisse zu ändern

bete gegen das
fünfsternige Nichts
das dir aus jedem
Kanal entgegentönt

2 Der Zweite Artikel

2.1 und an Jesus

Nur zögernd betrete ich die Brücke dieses »und«. Habe ich nicht schon alles gesagt, woran ich »wirklich« glaube, so dass ich mit meinem Leben daran hänge? Das Vertrauen auf den Schöpfer, der Himmel und Erde gemacht hat wie auch mein Leben und alles, was zum Leben notwendig ist – das ist der Ort, an dem ich Geborgenheit finde für meine unruhige Seele, diesen winzigen glimmenden Funken in der unendlichen Weite des Kosmos. Mit dem 103. Psalm habe ich gelernt, auf den Gott zu vertrauen, »der dir all deine Sünde vergibt, der dein Leben vom Verderben erlöst«. Brauche ich noch mehr, wirklich lebensnotwendig?

2.1.1 Wo wären wir ohne ihn?

Ich kenne Jesus als eine bezwingend eindrückliche Gestalt ausstrahlenden Glaubens, so viel tröstliche Güte geht von ihm aus; doch das ist noch nicht alles. Wir hängen an ihm, weit mehr noch, als uns bewusst ist. Wie wir Gott wahrnehmen, wie wir von seiner verlässlichen Güte reden, wie wir die Psalmen dafür und für uns selbst in Anspruch nehmen – das alles wäre ohne ihn gar nicht denkbar. Die einfache Ausstrahlung seiner Menschlichkeit vermittelt das alles überzeugender als jede theologische Belehrung.

Durch ihn erst ist die Gotteserfahrung der Hebräischen Bibel für uns zugänglich geworden. Christliche Überlieferung hat daraus eine Enteignung des Judentums abgeleitet, und wir werden uns an den furchtbaren Folgen noch lange abarbeiten. Doch wo wären wir ohne ihn, ohne den durch ihn eröffneten Zugang zur Hebräischen Bibel? In was für einer Welt religiöse Vorstellungen lebten wir heute?

Machen wir die Gegenprobe. Auf eine journalistische Umfrage: »Was halten Sie vom Christentum?« hat Heinrich Böll vor einem Menschenalter mit einer Gegenfrage geantwortet: »... ich empfehle es der Nachdenklichkeit und Vorstellungskraft der Zeitgenossen, sich eine Welt vorzustellen, auf der es Christus nicht gegeben hätte.« Denken Sie sich eine Welt, in der Jesus nicht gelebt hätte: »Selbst die allerschlechteste christliche Welt würde ich der besten heidnischen vorziehen«, schreibt Heinrich Böll dazu, »weil es in einer christlichen Welt Raum gibt für die, denen keine heidnische Welt je Raum gab: Für Krüppel und Kranke, Alte und Schwache, und mehr noch als Raum gab es für sie: Liebe für die, die der heidnischen wie der gottlosen Welt nutzlos erschienen und erscheinen.«

Die Fragen haben sich seither noch verschärft: Eine Selektion noch vor der Geburt ist möglich geworden, ist so etwas erlaubt? Was hätte das für Folgen? Viele haben die Vernichtung des »lebensunwerten Lebens« unter uns in Erinnerung, und auf einmal ist auch die Stimme Jesu im Gewissen und in der öffentlichen Diskussion präsent. Wie stünde es um die Menschlichkeit in unserem alltäglichen Umgang miteinander, gäbe es diese Stimme nicht?

Wie stünde es um die, die am Rande leben, im Schatten der Armut, in unsrer Gesellschaft und weltweit? Die Menschen am Rande – das Wort Galiläa lässt sich auch so verstehen: das Land am Rande – hat er aus diesem Schatten ans Licht geholt, wir haben sie in den Geschichten der Evangelien noch heute vor Augen, ja wir leiden und hoffen und freuen uns mit ihnen; und seither ist es uns nicht mehr möglich, die am Rande zu vergessen. Wie sonst sollte es unter den Wohlhabenden noch die Bereitschaft geben, sich auf die Probleme des Hungers und der Armut einzulassen! In einer Gesellschaft, in der sinnlose Verschwendung und hoffnungslose Armut so dicht nebeneinander leben – wie sollte es da noch Offenheit für die Not der Armen geben?

In den großen politischen Konflikten wächst nicht nur die Neigung zu einem »binären Denken«, das die Welt in Gut und Böse aufteilt und das Böse eindeutig lokalisiert, sondern damit auch die Bereitschaft zum Einsatz militärischer Gewalt im Kampf gegen das so genannte Böse. So lassen sich heute auch in alten Demokratien militärische Aktionen der Öffentlichkeit als notwendig vermitteln, nötigenfalls auch mit gezielten Fehlinformationen (worüber 2002 die New York Times Erstaunliches berichtete), dazu geschmückt mit hohen Idealen und religiösen Verheißungen, wie in Zeiten, die wir längst vergangen glaubten. Doch die zynische Inanspruchnahme Gottes für Akte militärischer Gewalt hat in der Geschichte aller großen Religionen eine lange Tradition, beschämenderweise auch im Christentum. Zugleich mit dem militärischen Druck wächst die tödliche Wirksamkeit terroristischer Gegenaktionen, auch sie mit religiösen Verheißungen motiviert und abgesegnet.

Wir erschrecken über die Brutalität, mit der sich ethnische und soziale Konflikte entladen; wir haben erlebt, wie die Bereitschaft zur Gewalt bis hin zum massenhaften Mord am anderen Volk bewusst geschürt wurde als Instrument im Kampf um Macht. Über Nacht konnte so aus selbstverständlicher Nachbarschaft tödliche Feindschaft werden – nicht nur in Jugoslawien oder Ruanda, wir erinnern uns: auch in Deutschland, es ist noch nicht so lange her.

Die Wechselspiele der Gewalt haben viele Formen, doch die tiefen Verletzungen erzeugen immer auch tiefen Hass, aus den erlittenen Demüti-

gungen wachsen Aggressionen, die am Ende auch den Selbstmord nicht mehr scheuen. Sooft sich dieses mörderische Potential entlädt, erhebt sich von neuem der Schrei nach Vergeltung, und die trifft nicht die Täter, sondern vor allem Wehrlose – alles verläuft nach den uralten psychischen Mechanismen der Rache. Die sind auch in ethnischen Konflikten offenbar übermächtig. Die Folgen für das Zusammenleben sind katastrophal, und aus dem Fehlen aller Perspektiven, zumal für die Jugend, wächst die Bereitschaft zur Gewalt immer noch weiter. Sind diese Teufelszirkel überhaupt noch aufzubrechen?
In alledem aber erscheinen die Völker nicht nur als Instrumente in den Händen wahnsinniger Machthaber, sondern sie sind selbst zu jedem Wahnsinn bereit und fähig, zumindest zum begeisterten Applaus dafür und zur Denunziation der Andersdenkenden. Das kennen wir aus unserer eigenen Geschichte. Woher soll in dieser gespenstischen Verblendung überhaupt noch Hoffnung kommen für unser aller friedliches Zusammenleben auf dieser Erde?
In dieser Szenerie doch noch eine Stimme zu hören, die zur Versöhnung noch einen Weg zeigt, selbst in einer von brutaler Gewalt beherrschten, aussichtslos erscheinenden Situation, einen Weg der Hoffnung, auf dem nicht die Mächtigen, sondern die Ohnmächtigen den Anfang machen – das ist schon viel. Auch in der jüngeren Geschichte hat diese Stimme immer wieder den Teufelskreis der Gewalt durchbrochen. Wenn wir von Jesus reden, müssen wir damit beginnen.

2.1.2 Gekommen, ein Feuer anzuzünden (Lk. 12,49)

Mit ihm ist etwas in die Welt gekommen, das der Erde ein neues Gesicht gibt. Er nimmt den Teufelskreisen, in denen die Menschheit gefangen ist, den Anschein der Unabänderlichkeit. Es sind drei Entdeckungen, zusammengefasst in der Bergpredigt, die er ihnen entgegensetzt:
Er spricht nicht nur von der Notwendigkeit der Versöhnung, er beschreibt auch eine Strategie, die selbst den übermächtigen gewalttätigen Gegner noch erreicht und Versöhnung möglich macht: Ich sage euch, ihr müsst auch eure Feinde lieben! (Mt. 5,44) Er öffnet neu die Quellen, aus denen die schwere Arbeit der Versöhnung ihre Impulse und emotionalen Energien gewinnt: Gott lässt noch immer seine Sonne aufgehen über Bösen und Guten und lässt es regnen auf Gerechte und Ungerechte (Mt. 5,45). Vor allem aber zeigt er den Armen in ihrer tödlich perspektivlosen Situation eine Hoffnung: Gott will es anders – die Hungernden sollen satt und die Trauernden getröstet werden! Diese Erde gehört den Sanftmütigen, nicht den Gewalttätern! (Mt. 5,4–6) Und in dieser Hoffnung beginnen sie neu zu leben: »Blinde sehen, Lahme gehen, ja Tote stehen auf, denn den Armen wird gute Botschaft verkündet!« (Mt. 11,5)

All diese Impulse sind bis heute weltweit wirksam. Es waren die aus der Bergpredigt abgeleiteten Strategien gewaltlosen Widerstandes, die von völlig aussichtslosen Ausgangspositionen aus die Verhältnisse grundlegend zu ändern vermochten. Das Geheimnis ihrer Wirkung war, dass sie die Gegner nicht zu Feinden machten und dadurch der Vision friedlichen Zusammenlebens Raum verschafften. Das erscheint heute angesichts der Brutalität und Totalität der Gewalt aussichtslos, doch die Gewalt, der Mahatma Ghandi, Martin Luther King oder die Bürgerrechtsgruppen in der DDR gegenüberstanden, war nicht weniger listig und brutal.

Friedensgruppen versuchen gegenwärtig in allen Kontinenten, Einsicht zu wecken für die Grundbedingungen jeder Versöhnung: die Angst der anderen zu respektieren, zu lernen, die Dinge mit den Augen der anderen zu sehen, und vor allem: selbst die ersten Schritte zur Befriedung zu wagen, ohne Vorbedingungen.

Professionelle Politiker haben darauf immer wieder mit dem Vorwurf geantwortet: Mit der Bergpredigt sei keine Politik zu machen – als ob wir nicht allzu deutlich vor Augen hätten, dass sich heute mit atavistischen Überlegenheitsritualen und dem Recht des Stärkeren erst recht keine Politik mehr gestalten lässt! Die rücksichtslos eingesetzte Politik der Stärke, Drohung und Demütigung, die den anderen mit dem Rücken an die Wand drängt, zerstört auf die Dauer selbst, was sie sichern will.

Die Gewalt will einschüchtern, zuerst die Hoffnung. Es ist schwer, ihrer Suggestion zu widerstehen. Doch die Bergpredigt zeigt einen anderen Weg, eine neue Hoffnung, nicht nur für das persönliche Leben, auch für die Politik. Und überall auf der Welt gibt es eine wachsende Aufmerksamkeit dafür, Menschen, die einen anderen Weg einschlagen und selbst überzeugend für diese neue Hoffnung leben, in Basisgruppen oder in Hilfsorganisationen, manchmal auch als Einzelne in Regierungen oder zwischenstaatlichen Institutionen. Woher nehmen sie den Mut, woher den klaren Blick für das Notwendige?

Überall stoßen wir auf die Spuren seiner Hoffnung. Wie kalt wäre es auf der Erde, hätte er nicht das Feuer seiner Hoffnung angezündet! Er hat diese Hoffnung nicht nur ausgesprochen, er hat sie konsequent gelebt. Das hat ihn am Ende sein Leben gekostet. Und mit seinem Tod ist seine Hoffnung nicht zuschanden geworden (Jes. 50,7), sondern sie hat sich daran erst recht entzündet. Wie er wachen Sinnes den unausweichlichen Konflikt mit den Mächtigen und dieses Sterben auf sich genommen und getragen hat – das hat seine Hoffnung erst recht besiegelt.

Er ist für diese Hoffnung gestorben, nicht als ein Opfer, das sich willig unter alles beugte, was über ihn verhängt wurde; auch nicht als einer, der seinen Tod verachtete; er war ein Mensch, der sein Leben liebte. Trotzdem ist er sehenden Auges in den Tod gegangen, weil er anders keinen

Weg sah, für die Wahrheit seiner Hoffnung einzustehen. Für ihn wog die Verzweiflung und die Hoffnung der vielen schwerer als sein eigenes Leben. Hätten seine Worte ohne diesen Tod je ein solches Gewicht und eine solche Glaubwürdigkeit gewonnen? Noch im Sterben zeigt er, dass für ihn die Güte Gottes wirklicher ist als alle Drohungen der Mächtigen. Darin ist er wirklich »für uns« gestorben. Er ist gestorben, um seiner Hoffnung für uns alle das Gewicht des Endgültigen zu geben. Er hat sie damit beglaubigt als eine Hoffnung, die über den Tod hinausgeht. Ich kann daran gut begreifen, dass er »für meine Sünde« gestorben ist. Erst die Sprache eines solchen Todes weckt mein Herz aus der alltäglichen Trägheit des Zweifelns und meine Seele aus der Hingabe an die eigenen Ängste.

Er hat alles aufgeboten, um mich aus dem Schlaf des tiefen Vergessens herauszuholen, das letzte Mittel war sein Tod. Stellvertretend für alle ist er wach geblieben, als die Jünger überwältigt wurden von der Schwere der Traurigkeit und Erschöpfung. Ich brauche, um das »für mich« zu begreifen, nicht mehr die Vorstellung einer jenseitigen Gerichtsverhandlung, ich kann es ganz unmittelbar wahrnehmen.

2.1.3 »dem Feuer nahe«? Annäherungen

Wahrscheinlich aber war bei meinem anfänglichen Zögern auch noch etwas ganz anderes im Spiel. Wer bin ich denn, dass ich anfange, mein Leben mit dem seinen so eng zu verbinden? »Wer mir nahe ist, ist dem Feuer nahe«, soll er selbst gesagt haben; so überliefert es ein uns nur in Fragmenten bekanntes Evangelium. Wie komme ich dazu, mein Leben mit dem seinen zu vergleichen, gar über ihn zu schreiben und zu reden? Mir fehlt doch alles, was ihn so anziehend macht, seine Hoffnung so ansteckend, seine Liebe so bezwingend. Er war ein brennendes Licht, das sich selbst verzehrt hat. Es gibt immer wieder Menschen, die so leben; ich gehöre nicht dazu. Soll ich nicht besser aufhören, von ihm zu reden?

Doch diese überzeugende, konsequente, warme Menschlichkeit schreckt mich nicht nur ab, sie zieht mich auch immer wieder in ihren Bann. Es geht so viel Ermutigendes von ihm aus. Er erwartet gar nicht, dass alle so werden wie er. Er legt den Menschen kein Gesetz auf. Er versteht mit Menschen so umzugehen, dass sie wieder zu sich selbst kommen. Er bindet sie nicht, er befreit sie.

Aber wie soll ich näher an ihn heran kommen? Die Theologie bietet mir Methoden, sein historisches Umfeld auszuforschen, seine Worte von späteren Entstellungen zu befreien und im ursprünglichen Wortlaut zu rekonstruieren, und sie bietet mir unendliche Reflexionen an über die grundlegende Bedeutung seiner Sätze und ihre Konsequenzen. Nur:

Womit er Menschen bis heute so ergreift, ist offenbar noch etwas anderes.

Ich möchte noch einmal den Klang seiner Stimme hören, seine Augen sehen, seine Gebärden – überhaupt wie er mit Menschen umgeht. Nur: Vielleicht würde mir das gar nicht helfen, vielleicht würde er mir darüber erst recht fremd erscheinen. Vielleicht habe ich es mit den geschriebenen Erinnerungen an ihn doch leichter. Ich kann sie mit mir tragen, ich kann sie in mir bewegen, so lange, bis sie mir endlich ein Licht aufgehen lassen. Dann ist es wirklich mein Licht geworden, dann habe ich ihn wirklich selbst begriffen.

Die Ergebnisse historisch-kritischer Arbeit könnten mir dabei helfen, nur will mich die Wissenschaft mit ihrer Frage nach feststellbaren Ergebnissen immer wieder auf einen anderen Weg führen: den des distanzierten analytisch begründeten Urteils, und das ist nicht der Weg, mich auf ein Gespräch mit ihm und seiner brennenden Hoffnung einzulassen. Anders aber werde ich nicht an ihn herankommen und bleibe in der Distanz, unfähig, ihn zu verstehen.

Woran denke ich, wenn ich den Namen Jesus höre? Wahrscheinlich zunächst an die vielen Entstellungen, die es mir schwer machen, mich ihm in Gedanken zu nähern. Der Jesus, den mir Bilder zeigen, gemalte oder gefilmte, die Art, wie manche (auch professionelle) Christen von ihm reden, bleibt mir fremd.

Und dann gibt es noch tiefer eingewurzelte Erinnerungen, die mir den Zugang schwer machen: Ist er nicht der Mann, der kompromisslos fordert, was ich nie erfüllen kann: grenzenlos zu vergeben, ja gar die Feinde zu lieben, die bedrohen, was mir lieb ist, und mich selbst schonungslos dafür aufzuopfern, bis zum letzten? Ich kann das nicht; will ich es denn?

Das alles ist ja nicht eingebildet; diese Härte der Forderung kommt uns aus vielen Worten der Bibel entgegen, auch aus seinen Worten in der Bergpredigt. Luther wäre an dieser Forderung zerbrochen, hätte er nicht noch etwas anderes entdeckt: Er nannte es »das tiefe heimliche Ja Gottes unter dem Nein«. Nach seinen abgründigen Erfahrungen mit der zerstörerischen Macht des Nein hat er uns diese Unterscheidung als für den Glauben lebensnotwendig eingeschärft: Wir müssen das Nein von dem Ja, das Gesetz von dem Evangelium, so zu unterscheiden lernen wie die Schale vom Kern. Wir dürfen uns durch die Härte der Schale nicht abschrecken lassen, wir müssen uns durch sie durcharbeiten bis zum Kern.

Das ist kein semantisches Glasperlenspiel. Gewiss: Es gehört zu den Grundregeln der Sprache, dass wir mit jedem Ja auch ein Nein aussprechen und mit jedem Nein auch ein vielleicht nur heimliches Ja. Doch was Luther hier erfahren und beschrieben hat, ist kein Spiel, sondern ein Widerstreit, der ihn immer wieder bis an die Grenze führt. Wer immer sich der Bibel nähert, bekommt es damit zu tun: Unversehens spricht aus

dem Evangelium die ganze Schärfe des Gesetzes, der Trost verbirgt sich unter der Härte der Forderung, das Ja unter dem Nein.
In dem Widerstreit zwischen dem Ja und dem Nein liegt für Luther der Kern der Theologie; wer ihn nicht kennt, hat noch nichts verstanden. Und in diesem Widerstreit ist es die Gestalt Jesu, die zuletzt dem Ja das größere Gewicht gibt. »Jesus Christus«, schreibt Paulus, »war nicht Ja und Nein, sondern in ihm ist das Ja geschehen« (2Kor. 1,19).
Tatsächlich ist der Kern seiner Botschaft das große Ja Gottes: dass die Hungernden satt und die Trauernden getröstet werden; und das Nein gilt denen, die den Armen diese Hoffnung wieder nehmen – allerdings ein Nein von unerhörter Schärfe (Mt. 18,6) – und den Reichen, die das Gebot der Stunde, die Chancen dieses Ja, nicht begreifen (Mt. 19,24). Aber das ist das Zweite, die Folge, die notwendige Kehrseite und hebt die Eindeutigkeit des Ja nicht auf.
Immer wieder muss ich an die Arie mit dem wunderbaren Echo in der vierten Kantate des Weihnachtsoratoriums denken, die uns aus dem Nein das Ja hören lässt:

> Ach mein Heiland, flößt dein Namen
> auch den allerkleinsten Samen
> jenes strengen Schreckens ein?
> Nein – du selber sagst ja: Nein.

und dann mit dem im Echo wiederholten Ja endet:

> Oder sollt ich mich erfreuen?
> Ja, du Heiland sprichst selbst: JA!

Es ist die Kantate zum Neujahrestage, die so das Lob des Namens Jesu singt. Das Neue Jahr hat nach kirchlicher Sitte schon längst vorher begonnen: mit Advent und Weihnachten. Der säkulare Neujahrstag aber ist im kirchlichen Festkalender der Tag, an dem das neugeborene Kind seinen Namen Jesus bekommt. Und so soll der Neujahrstag – nach dem lärmenden Empfang des Neuen Jahres in der Silvesternacht der Tag der bangen Frage: Was wird daraus? – zum Tag der getrosten Erinnerung an den Namen Jesus werden. Was verbindet sich nicht alles mit diesem Namen!
Ich stoße immer wieder auf seine ansteckende, belebende Hoffnung, dass Hungernde satt und Trauernde getröstet werden, ja dass den Sanftmütigen die Erde gehört, dass zuallererst unsere Kinder die Adressaten des Reiches Gottes sind (Mk. 10,14). Ich denke an die Güte, mit der er Mutlosen begegnete: Kommt her zu mir alle, die ihr mühselig und beladen seid, ich will euch erquicken! (Mt. 11,28) Ich denke daran, wie er Frauen

wieder aufgerichtet hat. Ich denke daran, wie er uns in den Lilien auf dem Felde und den Vögeln unter dem Himmel die große Güte der Schöpfung begreifen lässt, auch in der immer wieder über dieser geschundenen Erde aufgehenden Sonne und dem freundlichen fruchtbaren Regen (Mt. 5,45; 6,26ff). Ich weiß nicht, wie ich leben sollte ohne diese Erinnerung.

Alles was er sagt und tut, steht im Dienste einer größeren Hoffnung. Er will Menschen dafür entzünden (Lk. 12,49) , dass sie begreifen: Hier bei euch hat etwas angefangen, das wird die ganze Erde verwandeln. Er sagt: Lasst euch von den Entmutigungen des Anfanges nicht überwältigen: Was wir den Leuten sagen, fällt auf harten Boden, auf die fest getretenen Wege, da kommen die Krähen und holen es weg. Oder es fällt auf steinigen Boden; da geht es schnell auf und ist ebenso schnell verdorrt. Und Dornen und Disteln wachsen da auch, und die ersticken alles. Aber immer noch genug fällt auf guten Boden und geht auf und bringt Frucht, dreißig-, sechzig-, ja hundertfach! (Mk. 4,1–9)

An ihm lerne ich, was Menschlichkeit heißt. In allem, was von ihm erzählt wird, leuchtet so viel tröstende, aufrichtende Menschenfreundlichkeit. Nirgends legt er es wie andere Volksprediger darauf an, Menschen zu überwältigen, sondern er hilft ihnen, wieder zu sich selbst zu finden, er öffnet ihnen die Augen und Ohren, er stellt sie auf die eigenen Beine. Das geläufige Wort: Dein Glaube hat dir geholfen! klingt im Urtext ganz anders; Jesus sagt zu denen, die bei ihm Heilung erfahren haben: Das war dein Glaube, der hat dich gerettet! (Mk. 5,34; 10,52)

Dazu gehört schließlich die Konsequenz, in der er diese Menschlichkeit lebte und festhielt, auch in der letzten Konfrontation mit brutaler Gewalt. Seine Konsequenz lässt nicht zu, seine Hoffnung als naiven Optimismus abzutun. Im Angesicht des Todes zeigt er, dass die Hoffnung für ihn wirklicher ist als das ihm von den Mächtigen verordnete qualvolle Sterben. Nach dem Bericht er Evangelisten hat das sogar den römischen Offizier überzeugt, der die Hinrichtung zu befehligen hatte.

Von der letzten Konsequenz redet das Bekenntnis erst später, doch schon jetzt ist deutlich: Ich vertraue auf Jesus – das heißt: Ich vertraue darauf, dass seine Hoffnung, sein Vertrauen zu den Menschen, seine Liebe nicht ins Leere geht. Doch das ist der erste Schritt. Das Bekenntnis geht viel weiter:

2.2 Christus

Wir sagen »Jesus Christus« so, als sei das ein Eigenname. Aber der eigene Name dieses Menschen heißt in seiner Sprache, schon bedeutungsschwer genug, *Jeschua*, das bedeutet: Hilfe, Befreiung. Auf lateinisch, in der damaligen Behördensprache, heißt er: Jesus. Es wird Pilatus gewesen sein, der ihm als erster zugleich mit dem Todesurteil diesen lateinischen Namen gab. Für ihn ist es der Name eines Vermessenen, der jüdische Hoffnungen verwirklichen wollte und damit kläglich scheitern musste.

»Christus« dagegen ist kein Name, sondern ein Titel, ein Königstitel, und nicht nur irgendeiner, sondern ein Hoffnungstitel, in dem sich jahrhundertelang gewachsene Sehnsucht und Hoffnung wie in einem Brennglas versammelt. Es ist, als ob Pilatus sich scheut, dieses mit so tiefen Erwartungen besetzte Wort überhaupt ins Spiel zu bringen, aus Sorge vor seinen gänzlich unberechenbaren Wirkungen.

Der Name Jesus erinnert uns an seine Geschichte, seine Hoffnung weckende Botschaft, sein Leben für die Armen. Der Titel des Christus aber bündelt die Hoffnungen, die sich auf diesen Menschen richten und an ihm hängen. Ich glaube an Jesus als den Christus, den Hoffnungsträger, den Messias: Mit diesem Titel wird er zum Angelpunkt der Weltgeschichte, zum Orientierungspunkt aller Hoffnung.

Mit dem Wort CHRISTUS wird ein Hoheits- und Hoffnungstitel der hebräischen Bibel (hebr. *maschiach*: der Gesalbte) ins Griechische übertragen.

Der »Gesalbte Gottes« ist in der Hebräischen Bibel der König Israels, Urbild dieses Königtums ist David. In der großen Verheißung, die der Prophet Nathan dem König David auch für seine Nachkommen zuspricht (»Dein Haus und dein Königtum sollen Bestand haben vor mir für alle Zeit«, 2Sam. 7,16), wird auch der künftige König von Gott als sein Sohn angesprochen (»Ich will sein Vater sein,und er soll mein Sohn sein«, V. 14).

Nach dem Zerbrechen des Davidischen Königtums (mit der Zerstörung Jerusalems 587) wird in der Klage die Frage nach Gottes Treue gestellt (Psalm 89), und aus diesem Appell an Gottes Treue erwächst eine neue Hoffnung auf die Wiederherstellung von Gerechtigkeit und Freiheit durch einen »Sohn Davids«. Kurze Zeit nach der Rückkehr aus dem Exil richtet sich diese Hoffnung zunächst auf den Statthalter Serubbabel und den Hohenpriester Josua (Haggai 1–2; Sacharja 3–4); beide sind Nachkommen Davids. In der Sprache dieser Hoffnung sind die Titel Davidssohn, Messias und Gottessohn bedeutungsgleich und austauschbar.

So wird mit dem Christustitel die jüdische Messiashoffnung in den christlichen Glauben aufgenommen. Es ist die leidenschaftliche Hoffnung auf ein Zusammenleben in Freiheit und Gerechtigkeit. Je stärker in der Welt Ungerechtigkeit schamlos praktiziert wird, desto mehr Leidenschaft gewinnt diese Hoffnung auf den Messias, der stark genug ist, auch unter den Völkern zu schlichten, Recht zu sprechen und so Frieden zu bringen.

Dass Christen und Juden in dieser Hoffnung verbunden sind, ist lange Zeit durch Kontroversen verdeckt worden, deren Wurzeln ganz und gar nicht biblisch waren und die das christlich-jüdische Gespräch sehr belastet haben: Die jüdische Hoffnung, hieß es, sei weltlich, politisch und diesseitig, während die christliche überweltlich, rein geistig und jenseitig sei. Auch die jüdische Hoffnung kennt die bedrängende Frage, ob sich denn die messianische Freiheit und Gerechtigkeit unter den Bedingungen dieser Welt noch verwirklichen könne, und andererseits haben Christen, nicht zuletzt unter dem Eindruck Dietrich Bonhoeffers und der Erfahrungen im Konziliaren Prozess, die Abwertung des Irdischen in einem rein jenseitigen unpolitischen Verständnis der biblischen Hoffnung als Irrweg begriffen.

Wir müssen heute nicht mehr wie bei einem Fremdwort erklären, was messianische Hoffnungen sind; die Erde ist voll davon: Wo immer Menschen unterdrückt werden, um ihre elementaren Rechte betrogen, ihrer Freiheit beraubt, wachsen auch messianische Hoffnungen; die Ohnmächtigen warten auf eine charismatische Gestalt, die ihnen Gerechtigkeit und Freiheit wiederbringt. Wenn Völker sich solchen messianischen Träumen hingeben, kann das aber auch bestürzend gewalttätige Formen annehmen, das kennen wir aus der deutschen Geschichte.

Auch in der Bibel kommen gewalttätige Messiashoffnungen zu Wort, als eine verständliche Antwort auf all die erlittene Gewalt der Unterdrücker, doch ist das nicht die Messiashoffnung des Alten Testaments. Schon in der Hebräischen Bibel erscheint als Kontrast dazu die Gestalt des »Knechtes Gottes« im Buch des Zweiten Jesaja, der die neue, belebende, alles verändernde Hoffnung ankündigt und dafür verachtet und geschmäht, geschlagen und schließlich umgebracht wird; und dennoch, so heißt es dort, »wird die Sache Gottes durch seine Hand gelingen« (Jes. 53,10): Gott hat ihn zum »Licht der Völker« gemacht »bis an die Enden der Erde« (Jes. 49,6).

In dem urchristlichen Bekenntnis zu Jesus als dem Messias steht dies im Hintergrund; die Evangelien erzählen seine Leidensgeschichte in den Farben und mit den Worten des Jesajabuchs. Und damit erteilen sie allen gewalttätigen Messiasträumen (die später auch in der Christenheit immer wieder aufbrachen) eine Absage. Sein Weg wird begriffen als der im Zweiten Jesajabuch vorgezeichnete Weg einer anderen Hoffnung, die noch im äußersten Leiden an der Gewissheit festhält: Der Herr hilft mir, darum werde ich nicht zuschanden.

Ein späteres Bekenntnis (das Bekenntnis von Chalcedon 451) wird uns einschärfen, bei allem, was dann noch von ihm gesagt wird, ja nicht zu vergessen, dass dieser Jesus Christus wahrhaftig Mensch war.

2.3 Gottes eingeborenen Sohn

Das schwierigste Problem dieses Artikels liegt in einem dem biblischen Verständnis ganz und gar zuwiderlaufenden Missverständnis des Titels GOTTES SOHN. Von Göttersöhnen, in der Verbindung von Göttern mit Menschen(frauen) gezeugt, dadurch mit übermenschlichen Kräften ausgestattet, weiß die heidnische Mythologie viel zu erzählen. Die Bibel reagiert auf solche Vermischung von Göttlichem und Menschlichem mit tiefem Abscheu (1. Mose 6,1–4).
Tatsächlich steht hier die biblische Gotteserfahrung in einem abgrundtiefen Gegensatz zu dem religiösen Streben der Welt ringsum, die Götter als Quellen übermenschlicher Kräfte zu begreifen und zu nutzen. Die intensivste Verbindung ist die geschlechtliche: die Zeugung eines Menschenkindes in einer Menschenfrau durch einen Gott. Dass der eine und einzige Gott der Bibel eine solche Vorstellung rundweg ausschließt, dass sie vielmehr – nicht nur von Juden, auch von Moslems – als Angriff auf die Heiligkeit Gottes empfunden wird, gehört zum unverwechselbaren Profil der biblischen Gotteserfahrung.
Umso schwerer ist es zu verstehen, wie unbefangen später christliche Volksfrömmigkeit solche religiösen Vorstellungsmuster einfach adaptiert hat. In ihrem Sinne konnte der folgende Nebensatz: »geboren von der Jungfrau Maria« als Erklärung der Gottessohnschaft gelesen werden; die Stelle des fehlenden menschlichen Vaters hat Gott eingenommen.
Der in diesem Zusammenhang oft zitierte Psalmvers (2,7) aber ist dafür als Schriftbeweis nicht gut zu verwenden. Wenn Gott dort zu dem König Israels sagt:

> Mein Sohn bist du, heute habe ich dich gezeugt!

dann ist das keine Übernahme heidnischer Mythologie, sondern (schon in dem »heute« erkennbar) die schroffe Absage an alle Herrscherrituale, die den König als halb göttliches Wesen verehren. Gott hat den König Israels nicht auf irgendeine biologisch vorstellbare Weise gezeugt, sondern ihn nach seinem Willen erwählt.
An dieser Stelle müssen wir gut unterscheiden: Das Bekenntnis ist nicht aus dem Zusammenhang heidnischer Mythologie, sondern aus dem biblischen Kontext zu verstehen. Mit den Worten »geboren von der Jungfrau Maria« wird nicht die Gottessohnschaft erklärt, sondern ein neuer Akzent gesetzt.
Der Titel »Gottes Sohn« trägt, wenn er aus dem Kontext der Hebräischen Bibel gelöst wird, in sich die Gefahr, das »wahrhaftig Mensch« auszuhöhlen. Die Kirchengeschichte zeigt, dass dort, wo die Menschlichkeit Jesu in Frage gestellt wurde, immer die Menschlichkeit über-

haupt in Gefahr stand. Auch unsere geschichtlichen Erfahrungen mit Übermenschen sprechen dafür, dass wir Jesus ja nicht in ihre Nachbarschaft rücken dürfen: Vom Übermenschentum ist es nur ein ganz kleiner Schritt zur Unmenschlichkeit. Das Bekenntnis von Chalcedon vollzieht mit der eindeutigen, seiner Zeit weit vorausgreifenden, auch modernem Denken entgegenkommenden Formulierung »wahrhaftig Mensch« (vere homo) die damals wie heute notwendigen Trennung von allen (schwarz oder weiß oder braun gekleideten) Halbgöttern.

Es ist schon merkwürdig, mit welcher Selbstverständlichkeit solche biblischen Kategorien, die aus einer langen leidvollen Geschichte erwachsen sind, heute gedankenlos in den Kontext heidnischer Mythologie eingelesen und damit ihres Profils beraubt werden. Ich brauche doch keine Anleihen bei der antiken Götterwelt, um zu begreifen, was das heißt: Dieser Mensch war wahrhaftig Gottes Sohn! Er gehört nun wirklich nicht in den Schwarm schillernder Halbgötter, die sich in den Träumen und Alpträumen der Völker ebenso aufspielen wie auf Kinoleinwänden und Bildschirmen. Genau das Gegenteil ist gemeint, und das ist auch gut zu begreifen: Gottes Sohn – das ist ein Mensch, der ganz für Gott einsteht, für seine Güte und sein Recht: ein wirklicher Mensch. Jesus hat das bis zur letzten Konsequenz getan. Doch Gottes Söhne und Töchter sind »alle, die nach meinem Namen genannt sind« (Jes. 43,6). So ist Jesus auch als Gottes Sohn einer unter vielen Geschwistern, allerdings herausgehoben gegenüber den anderen.

»Eingeboren« ist unglücklich übersetzt; das griechische Wort *monogenes* (lat.: *unigenitus*) will sagen: Gottes einzigartiger Sohn. Die begriffliche Schwierigkeit für die Theologie entsteht dadurch, dass sie diese Gottessohnschaft Jesu als sein Eigenstes festhalten muss, ohne die unsere preiszugeben. Die theologischen Versuche, die Einzigartigkeit Jesu zu definieren, führten alle auf fatale Irrwege, beispielhaft schon bei Arius im 4. Jh.

Ja: Worin liegt seine Einzigartigkeit? Ich weiß, dass ich sie nicht definieren kann, auch nicht erschöpfend beschreiben; doch drängt mich das Bekenntnis hier zu dem Versuch, mir selbst und anderen darüber Rechenschaft zu geben.

In einem damals völlig entlegenen Winkel der Erde zündete er unter denen, die dort »im Schatten des Todes wohnen« (Jes. 9,1; Mt.4,16), das Feuer einer neuen Hoffnung an, mit der sich die ganze Erde verwandeln soll. In einer beispiellosen Eindeutigkeit spiegelt sein Leben wider, wovon diese Hoffnung lebt: Die brutale Gewalt, die ringsum herrscht, kann ihn auf keine Weise infizieren, die überlegene Rücksichtslosigkeit des Reichtums auch nicht im Geringsten beeindrucken und korrumpieren. Er steht dafür ein, dass diese Erde den Sanftmütigen und das Reich Gottes den Armen gehört.

Der Anblick massenhafter Verelendung hält ihn nicht ab, persönliches Leid, in seiner ganzen Tiefe wahrzunehmen, oft bis an die Grenzen seiner Fassung. Der Konfrontation des Elends mit Gottes unermesslicher Güte, auf die er seine Hoffnung gründet, weicht er auch nicht einen Schritt aus. Seine ganze Sensibilität für die Schönheit der Schöpfung und seine große Liebe zum Leben hindern ihn nicht, sondern drängen ihn nur umso mehr, sein Leben ganz in den Dienst dieser Hoffnung zu stellen, bis zur letzten bitteren Konsequenz. Und noch in der äußersten Angst und Qual dieses Todes hält er fest an dem *Eli*: Du bist mein Gott. Wahrhaftig: Was für ein Mensch!

Gottes einzigartiger Sohn: Einzigartig ist er in seinem Vertrauen auf Gottes Güte und in seiner Hingabe für die Menschen, und schließlich in der Konsequenz, in der er beides zusammenhält. Ich wüsste nicht, wie wir ihn treffender charakterisieren könnten.

2.4 Unseren Herrn

Jetzt haben wir in einem steilen Aufstieg den Hauptgipfel erreicht. Das älteste uns erhaltene Bekenntnis besteht nur aus den beiden Worten: Kyrios Jesus (1Kor. 12,3), und die sagen: Herr ist Jesus. Darin ist für die erste Generation alles beschlossen, was vom Glauben gesagt werden muss.

Unser Bekenntnis lässt uns hier einen Augenblick Atem holen, ehe es uns weiterführt, mit einem Relativsatz, der eine ganz andere Sprache spricht. Es ist noch keine Erzählung, aber doch eine Aufzählung von Stichworten, die sagen, was mit den Worten »Jesus – unser Herr« erinnert und bedacht sein will.

Doch zunächst müssen wir noch bei dem schweren Wort: Herr ausharren. Auch bei Luther im Kleinen Katechismus gipfelt seine Erklärung des Glaubens in dem Satz: »Ich glaube, dass Jesus Christus … sei mein Herr.« Das ist der tragende Pfeiler des Ganzen.

Doch gerade mit dem Wort Herr haben wir unsere Probleme. Wir haben erhebliche innere Widerstände, uns unter Herrschaftsansprüche gehorsam zu beugen. Wir haben gerade als Deutsche mit der Forderung unbedingten Gehorsams schlimme Erfahrungen gemacht. Wir haben begreifen müssen, dass die Bereitschaft zu blindem Gehorsam geradewegs in die Unmenschlichkeit führen kann und dass Gehorsamsverweigerung und Widerstand nötig gewesen wären, um die Exzesse einer unbegreiflichen Unmenschlichkeit zu verhindern.

Christliche Erziehung hatte zu lange den Gehorsam als Tugend und den Ungehorsam als Sünde eingeschärft, so dass jeder Schritt des Widerstandes gegen die Herrschaft der Nationalsozialisten erst mühsam gegen diesen Grundkonsens durchgesetzt werden musste. Die Biografie Dietrich Bonhoeffers zeugt davon, wie mühsam das war.

Wir haben auch begriffen, dass die Bereitschaft zum Gehorsam höchst anfällig ist für jeden Missbrauch. Es genügt deshalb nicht, den Gehorsam danach zu differenzieren, ob gute oder böse Herrscher ihn fordern. Abrahams Bereitschaft, seinen Sohn zu opfern (1Mose 22), ist nicht dadurch gerechtfertigt, dass vermeintlich Gott ihm dies befohlen hatte. Die biblische Erzählung wehrt schon im ersten Satz diese Missdeutung ab, doch immer wieder muss sie herhalten, um selbst Menschenopfer als Gehorsam gegen Gott zu rechtfertigen.

Dazu schafft jede Gehorsamsforderung ein undurchsichtiges Netzwerk von Über- und Unterordnung, in dem Menschen über Menschen herrschen, ihre eigene Macht dadurch sichern und anderen ihren Willen aufzwingen. Sie nehmen ihnen damit die Chance eigener Verantwortung und freier Zustimmung. Meine Generation hat sehr schmerzhaft lernen müssen: Wir waren viel zu sehr zum Gehorsam bereit. Und nun soll ausgerechnet dies der Gipfel unseres Bekenntnisses zu Jesus sein, dass wir sagen: unser Herr?

Ich erinnere mich eines Unterrichtsversuchs, in dem ich Kindern klar machen wollte, was »Gottes Reich« oder »Gottes Herrschaft« bedeutet. Ich ließ sie ihre Erfahrungen mit Gehorsam und Herrschaft erinnern und Gedanken aufschreiben zu der Frage: »Wenn ich tun könnte, was ich will.« Ich erschrak: Ich begriff, was es für ein Unding war, ihnen Gott darzustellen als die höchste Steigerung einer Herrschaft, gegen die schlechterdings kein Widerstand und Widerspruch mehr möglich war, die absoluteste aller absoluten Herrschaften. Was für eine absurde, für den Glauben zumal der Kinder tödliche Vorstellung!

Mir war auf einmal klar, dass dies die Art der Herrschaft ist, die der Satan verheißt (in der Versuchungsgeschichte Mt. 4,9): »Dies alles will ich dir geben, wenn du niederfällst und mich anbetest!« So gewalttätig herrschen die, die ihn anbeten. Gottes Reich aber kann nur als das vollkommene Gegenteil davon begriffen werden: ein Reich, in dem auch in den Strukturen Güte und Menschenfreundlichkeit herrschen, Gerechtigkeit und Freiheit.

So meint das Bekenntnis zu Jesus als unserem Herrn nicht eine Herrschaft, die sich mit Gewalt durchsetzt wie die anderen, nur eben mit noch größerer Gewalt und mit ihm an der Spitze – so wie sie christliche Herrscher in der Geschichte immer wieder auszuüben versucht haben –, sondern als eine Herrschaft völlig anderer Art: »Die über die Völker herrschen, knechten sie«, so hat er gesagt, »und die sie ihre Macht spüren lassen, lassen sich Wohltäter nennen. Ihr aber sollt es nicht so halten, sondern der Größere unter euch soll sein wie der Kleinere, der Leitende wie der Dienende. Und ich bin doch bei euch als der Dienende« (Lk. 22,25ff).

Wieder sehen wir, mit welcher Sorgfalt das Bekenntnis auch die Reihenfolge seiner Schritte bedacht hat. So wie am Anfang das bedrohliche Wort »allmächtig« durch das vorausgeschickte »Vater« eine tröstliche Eindeutigkeit bekam, so wird auch das Bekenntnis zu dem »Herrn« durch den vorangestellten Namen Jesus von allen Unterwerfungsgesten befreit.

So ist das Wort Herr im Bekenntnis tatsächlich wie ein Vexierbild: Von der falschen Seite aus gesehen, reiht es Jesus ein in die Reihe der Mächtigen und macht ihn zum Mächtigsten; von der anderen Seite her aber, von dem Namen Jesus her betrachtet, wird es zum Gegenbild aller Gewalt, zu einem Bild der Hoffnung auf eine Herrschaft, die den Menschen Freiheit bringt.

Es ist eine lange Geschichte, die das Wort HERR auf diese Weise zu einem Hoffnungswort werden ließ. Es begegnet uns in einer so betonten, herausgehobenen Weise zuerst in der griechischen Übersetzung der hebräischen Bibel. Durch das griechische Wort *Kyrios* wird dort – wir erinnern uns: in der damals autorisierten griechischen Übersetzung der Hebräischen Bibel, der so genannten Septuaginta (LXX) – durchgehend der im Hebräischen unaussprechliche Eigenname Gottes wiedergegeben. Die in dem Namen Gottes enthaltene große grundlegende Verheißung »Ich bin da« geht dabei verloren; sie wird durch das Wort *Kyrios* überhaupt nicht mehr vergegenwärtigt. So tief hat die Überlieferungsgeschichte hier in den Text der Bibel eingegriffen.

Wie konnte es zu einer so gravierenden Fehlübersetzung des Gottesnamens kommen? Die deutschen Bibeln (auch schon Luthers Übersetzung) haben sich ihr durchweg angeschlossen. Die Wiedergabe durch das herrisch klingende Wort »Herr« hat ganz und gar nichts mehr von dem tröstlichen Klang, den der Name Gottes ursprünglich hat.

Geblieben ist in der Lutherbibel allerdings eine merkwürdige Schreibweise: Wo im hebräischen Text der Name Gottes steht, markiert Luther dies in seiner Übersetzung mit einem doppelten Großbuchstaben. Anders als andere Übersetzer vor ihm kannte er nicht nur den lateinischen und griechischen, sondern auch den ursprünglichen hebräischen Text genau. Die Schreibweise HErr soll offenbar unübersehbar daran erinnern, dass das Wort an dieser Stelle der Bibel einen anderen Hintergrund und eine tiefere Bedeutung hat als sonst.

Dass aber der so umfassend tröstliche Gottesname durch das sehr einseitige »Herr« übersetzt werden konnte, hat Wurzeln im jüdischen Umgang mit dem Text der Hebräischen Bibel. Dort gilt: Den Namen Gottes auszusprechen heißt seine heilige Gegenwart herbeizurufen, und das ist niemandem gestattet. Um jeden gedankenlosen oder gar missbräuchlichen Umgang mit dem heiligen Gottesnamen auszuschließen, wird beim Lesen der Heiligen Schriften, sogar im Gottesdienst, der Name Gottes

ersetzt durch das hebräische Wort *adonaj*. Das bedeutet zwar lexikalisch »Herr«, doch es hat emotional einen völlig anderen Klang; und dadurch wird die Übersetzung verständlich.
Das Wort *Adonaj*, das anstelle des Gottesnamens gelesen wird, ist entscheidend geprägt durch das angehängte -j. Das ist der kleinste Buchstabe im hebräischen Alphabet, doch er verändert alles. In der Bergpredigt ist von ihm ausdrücklich die Rede (Mt 5,18). In der Grammatik bedeutet ein angehängtes j einfach »mein«, und so wäre die semantisch korrekte Übersetzung »mein Herr«; doch auch das gibt noch nicht wieder, in welcher Intensität hier Aneignung geschieht, als Ergreifen und Festhalten.
Der 22. Psalm mit der Anrede *Eli* – mein Gott – lässt uns mehr davon ahnen. Wieder steht der unscheinbare Buchstabe i für das »mein«, wie auch in der Anrede *adonaj*, und hier besiegelt er das Festhalten an Gott bis zum Letzten, auch noch in der äußersten Tiefe. So spricht das jüdische Grundbekenntnis *ADONAJ ECHAD* nicht nur die monotheistische Überzeugung aus: Gott ist einer, sondern es ist emotional viel tiefer verwurzelt, ein Bekenntnis, das »mit der ganzen Seele und von ganzem Herzen« (5Mose 6,4f) bis zum letzten Atemzug festgehalten sein will: Du bist mein Gott, Du allein.
So werden wir das Bekenntnis zu »unserem Herrn« genau so hören müssen wie das Wort *adonaj* – erfüllt von der gleichen tiefen emotionalen Zuwendung, als das Ergreifen und Festhalten einer Verbundenheit, die ich nicht mehr loslassen werde, so wie es das alte Kirchenlied singt (EG 402): Meinen Jesum lass ich nicht! Das aber ist schon gar nicht mehr die Sprache der Unterwerfung, sondern einer grenzenlosen Liebe.
Diese Liebe macht kritisch, wenn nicht immun, gegen Herrschaftsansprüche anderer Art. Und deshalb hat das Wort Herr in der Sprache der Christen wie der Juden zugleich den Klang einer Absage an alle menschliche Gewaltherrschaft, dem Machtstreben der Mächtigen zum Trotz, es ist eine Antithese zu den angemaßten Ansprüchen derer, die unsere Herren sein wollen (Jes 26,13). Dagegen sagt schon die Septuaginta unüberhörbar, wo immer in der hebräischen Bibel der Name Gottes stand, mit ihrer Übersetzung »Kyrios«: Er allein ist unser Herr, dieser Gott der tröstlichen Verheißung: Ich bin da – Er allein, einzig Er.

2.5 empfangen durch den Heiligen Geist
geboren von der Jungfrau Maria

Damit haben wir es noch schwerer. Muss denn das immer noch so gesagt werden: EMPFANGEN DURCH DEN HEILIGEN GEIST, GEBOREN VON DER JUNGFRAU MARIA ? Viele schütteln einfach nur noch den

Kopf, andere ereifern sich dagegen: Es gehe doch nur darum, ob wir Gott ein solches Wunder noch zutrauen; bei Gott sei alles möglich.
Doch für eine jungfräuliche Mutterschaft brauchen wir heute Gott gar nicht mehr; die moderne Medizin schafft das auch so. Daran zeigt sich: Wir sind schlecht beraten, das Apostolische Bekenntnis auf einem solchen Niveau zu verhandeln. Die in schweren Auseinandersetzungen scharf geschliffenen Formulierungen verlangen einen anderen Umgang; und sie wissen sich immer noch gegen geistlosen Missbrauch wirksam zu wehren.

2.5.1 Ganz einfach?

Es ist doch alles ganz einfach, so wird oft gesagt: Jesus ist Gottes Sohn, und das heißt: Er hat Gott zum Vater und Maria zur Mutter. Einen menschlichen Vater braucht er nicht. Gott hat auf seine Weise in Maria dieses Kind gezeugt.
Ich kann das nicht glauben. Die geläufigen hämischen oder dummdreisten Vergröberungen als »Beziehungskiste« sind schwer erträglich, doch sie werden dadurch geradezu herausgefordert. Sie sind ahnungslos, das zeigt die Art, wie sie von Gott reden. Schwer erträglich aber sind sie, weil sie die ersten Bilder einer neu aufkeimenden Hoffnung sogleich auf das Niveau des Boulevard herabziehen. Jesus hat denen, die eine solche Hoffnung achtlos zertreten, einen Mühlstein an den Hals gewünscht (Mt 18,6).
Der Kern der Entstellung ist: Wie in heidnischer Mythologie wird Jesus zum Halbgott gemacht. Spekulationen darüber, was sich zwischen seiner Mutter und dem Gott abgespielt hat, werden dadurch geradezu stimuliert. Jesus selbst aber wird damit seines Eigensten beraubt: Seine Menschlichkeit wird ihm genommen. Der Bibel jedenfalls ist jeder Gedanke an eine übernatürliche Zeugung völlig fremd, eine dreiste Verletzung der Heiligkeit Gottes und eine Missachtung der Menschlichkeit des Menschen.
Die Jungfrauengeburt darf auch nicht missbraucht werden, um mit dem Hinweis auf das »Geheimnis« den Verzicht auf kritische Fragen des gesunden Menschenverstandes zu erzwingen. Das Bekenntnis gibt in scharf formulierten Sätzen Rechenschaft über den Glauben vor aller Welt und also auch verständlich für alle Welt. Der Glaube, den das Bekenntnis entfaltet, kann sich nicht im Für-wahr-Halten von Unglaublichem gefallen.
In späteren Generationen ist vor allem die Keuschheit der Maria zum Gegenstand der Verehrung geworden, zum Anlass ihrer einzigartigen Erwählung, zum Inbegriff ihrer besonderen Mutterschaft. Aber auch das

geht an der biblischen Erzählung vorbei. Dort ist Maria eine junge Frau, die der Heirat entgegensieht, einem Manne verbunden ist, dabei aber natürlich die Grenzen respektiert, die vor der Ehe gezogen sind. Es gibt gute Gründe, das in einer Zeit hemmungslosen Umganges mit der Sexualität zu betonen, doch das Thema der biblischen Erzählung ist dies nicht.

Das Thema ist: geboren von der Jungfrau Maria, und was dieser Satz sagt, ist im Grunde ganz einfach zu verstehen. Er sagt: Dieses Kind entspringt nicht dem Zeugungswillen eines Mannes, es hat nichts zu tun mit dem stärkeren Recht des Mannes, unter dem die Frauen seit jeher leiden, es ist ihr Kind allein, und sie allein hat die Vollmacht, ihm den Namen zu geben, der zum Inbegriff der neuen Hoffnung wird.

So jedenfalls meint es Lukas. Wir sind gewohnt, diese Texte durch die Brille derer zu lesen, die Maria gern in der Rolle der Demütigen sehen; doch schon in ihrer Antwort auf die Ankündigung des Boten, dass sie einen Sohn bekommen wird, begreift sie ihre neue Würde. Durch die geläufige Übersetzung: Ich bin des Herrn Magd! wird das verschleiert und ganz in die typische Demutsrolle eingeordnet; im ursprünglichen Text aber sagt sie das Gleiche wie der Prophet im Zweiten Jesajabuch: Siehe, ich bin des Herrn Knechtin! – und das heißt: ich bin jetzt nicht geringer als die Propheten, nicht weniger als der eine, der schon in der Bibel Gottes Knecht genannt wurde. Gottes Knecht ist sie nicht anders als die Propheten vor ihr; das ist ihre Würde.

2.5.2 Maria und Pilatus: Zwei Welten

Folge ich dem Weg des Bekenntnisses weiter, dann stoße ich auf einen Gegensatz von kaum überbietbarer Schärfe: Da ist auf der einen Seite der mit hohen Staatsämtern bekleidete Mann, Pilatus, ein Politiker auf der Höhe seiner Laufbahn. Ihm gegenübergestellt wird Maria, eine junge Frau. Von Pilatus wird nur gesagt, dass Jesus unter ihm gelitten hat, gekreuzigt worden und gestorben ist. Von Maria wird gesagt, dass sie ihm das Leben gegeben hat, Pilatus hat es ihm genommen.

So gegensätzlich werden hier die Rollen von Mann und Frau beschrieben, und so weit ist das Bekenntnis von einem naiv männerzentrierten (androzentrischen) Denken entfernt: Die Kritik trifft in der Person des Pilatus die ganze Hierarchie der männlichen Würdenträger. Schärfer könnte die Rolle des Mannes nicht ausgeleuchtet werden als in diesem Gegensatz.

Noch etwas anderes kommt mit der Erwähnung des Pilatus ins Spiel: Von ihm wissen wir mehr aus historischen Quellen, so viel Gewicht hatte sein Name; er war eine Persönlichkeit der Weltgeschichte. Von

Maria steht in solchen Quellen kein Wort; wir wissen von ihr nur aus der Bibel, die damit etwas literarisch ganz Ungewöhnliches tut: Sie rückt zum ersten Mal in der Literaturgeschichte das Geschick der kleinen Leute in den Mittelpunkt (die bis dahin allenfalls als komische Figuren Erwähnung fanden; vgl. Erich Auerbach, Mimesis, 2. Aufl. 1959, S.44ff), und das Bekenntnis nimmt dies so auf, dass Maria zur Anwältin des Lebens wird, im Gegensatz zu dem Mann Pilatus, dem Funktionär des Todes.

Und das entspricht durchaus der Darstellung im Lukasevangelium. In der scheinbar so idyllischen Begegnung mit Elisabeth, ihrer Cousine, singt sie ein leidenschaftliches Protestlied gegen die Gewalttäter, die Gott von ihrem Thron stürzen wird; und zu den Armen und Erniedrigten, die Gott erhöhen wird, zählt sie sich auch selbst (Lk. 1,46–55).

Und so ist Maria, die ihr Kind erwartet, darin nicht das Gefäß eines männlichen Willens, sondern sie »weiß von keinem Manne«, sie ist nicht abhängig von irgendeinem Manne, sie ist ganz sie selbst, von Gott zu diesem Dienst so unmittelbar erwählt, wie es sonst nur Männer für sich in Anspruch nahmen. Deshalb werden noch Kindeskinder sie selig preisen, so singt sie.

Was das Bekenntnis von der Jungfrauengeburt sagt, wird allzu banal missverstanden, wo es nur als biologisches Wunder genommen wird. Es ist ein Zeichen ganz anderer Art: Die endlose leidvolle Geschichte der Unterwerfung der Frauen unter den männlichen Willen ist hier an ihr Ende gekommen; etwas Neues beginnt. Die Evangelien, besonders Lukas, erzählen von Frauen, die in der Begegnung mit Jesus ihre Rolle neu begreifen; und so lebt Maria in der kirchlichen Frömmigkeit weiter: nicht nur als die demütig sich Beugende, sondern in Bildern und Geschichten und Gebeten als die, die gebeugten, überlasteten, gedemütigten Frauen ein Bewusstsein ihren Würde zurückgibt.

2.5.3 Wenn nicht ein Wunder geschieht

Der Umgang mit der Jungfrauengeburt in der christlichen Tradition lässt Züge erkennen, mit denen wir in eine fatale Nähe zur antiken Mythologie geraten. Dort weiß man von Söhnen zu erzählen, die einen Gott zum Vater und eine Menschenfrau zur Mutter hatten und dadurch mit übermenschlichen Kräften ausgestattet waren. Doch die Bibel verabscheut solche Vermischung von Gott und Menschen zutiefst. Wo Gott mit den Menschen redet, in der Tora wie in den Worten der Propheten, redet er menschlich. Die Menschen sollen menschlich zu leben lernen, dazu braucht er keine Übermenschen.

Auch wir könnten wissen: Wo Menschen ihre Sehnsucht auf Übermenschliches richten, wird am Ende nur Unmenschliches daraus; das hat in letzter grauenhafter Deutlichkeit der Rassenwahn der Nationalsozialisten gezeigt. Das war offenbar in der Antike nicht anders als in der Moderne; schon im Buch Genesis ist von den Folgen einer solchen verhängnisvollen Vermischung die Rede (Gen. 6,1–4). Trotzdem hält das Bekenntnis an der so missverständlichen Erwähnung der Jungfrau Maria fest. Wie kommt es dazu?

Der biblische Bezugstext ist ein Wort aus der sog. Denkschrift des Jesaja (Jes. 7,14), in dem sich die bedrängte Situation Jerusalems in der Zeit des syrisch-ephraimitischen Krieges spiegelt (733 v.Chr.). Dem schwankenden, zweifelnden König sagt der Prophet ein Zeichen zu, in dem sich Gottes Treue sichtbar manifestiert: Eine junge Frau ist schwanger, sie wird einen Sohn gebären, und sie wird ihm den Namen geben: Immanuel – Gott ist mit uns. Die Geburt des Kindes ist ein Zeichen, dass Jerusalem noch Zukunft hat; die Bedrängnis Jerusalems wird dann zu Ende sein, und in dem Namen Immanuel spricht sich das Glück über die darin erfahrene Bewahrung aus.

Im hebräischen Text ist die Mutter des Kindes eindeutig keine Jungfrau, sondern eine junge verheiratete Frau (hebr.: *almah*; das Wort für eine Jungfrau hieße anders: *betulah*). Jesaja spricht hier nicht von einem übernatürlichen, sondern von einem ganz und gar natürlichen Zeichen der Treue Gottes. Die Veränderung des Zeichens zu einem Wunder erfolgt durch die griechische Übersetzung des Alten Testaments, die Septuaginta.

Septuaginta ist das griechische Wort für die Zahl siebzig (LXX). Die Legende erzählt, dass bei der so wichtigen Übersetzung der hebräischen Bibel in die damalige Weltsprache Griechisch siebzig Gelehrte unabhängig voneinander den gleichen Wortlaut gefunden hätten.

Erst in dieser Übersetzung wird die Mutter des Kindes als »Jungfrau« (*parthenos*) bezeichnet. Das Neue Testament bezieht sich hier (wie auch bei vielen anderen Zitaten aus dem Alten Testament) in Mt. 1,23 und Lk. 1,27ff auf die griechische Übersetzung der LXX, nicht auf den hebräischen Urtext. So ist eine Bewahrungsgeschichte zum Bild einer neuen Hoffnung auf Erlösung geworden. Wie ist diese Veränderung zu erklären und zu verstehen?

An vielen Stellen der Septuaginta (LXX) lässt sich erkennen, wie sich durch die Übertragung der alten Texte aus der hebräischen Sprache in die griechische der Sinn verändert, gewollt oder unbeabsichtigt. Mit der Übersetzung wird der alttestamentliche Text in einen völlig neuen Kontext gestellt, die gesellschaftlichen und sprachlichen Voraussetzungen des Verstehens sind von Grund auf verändert.

Der neue Kontext ist die spätantike hellenistisch geprägte Massengesellschaft. Sie hat viele Züge einer postmodernen Gesellschaft: Die alten

Überlieferungen sind fragwürdig geworden, die Machtzentren von der Basis weit entfernt, kaum zu durchschauen und schon gar nicht zu verändern, und die alten patriarchalen Ordnungen sind abgelöst von einer selbstverständlichen und deshalb gar nicht mehr anfechtbaren Alleinherrschaft der Männer. Homosexualität als geläufige männliche Lebensform macht Sexualität auch öffentlich allgegenwärtig, nur wird die Rolle der Frauen dabei völlig marginal. Esoterische Erlebnis- und Erlösungskulte, die dem göttlichen Funken im Inneren der Menschen Erlösung verheißen, haben Konjunktur.

Die unveränderlichen, ewig gleichen Bahnen der Sterne stehen nicht mehr für das Wunder der großen Ordnung des Kosmos, sondern für die ausweglose Gefangenschaft des Menschen. In diesem Kontext braucht die Hoffnung die Sprache des Wunders, weil nur noch ein Wunder diese Gefangenschaft aufzubrechen verspricht. Und weil die Depression so tief ist, muss es ein spektakuläres Wunder sein. Für die biblische Sensibilität für die alltäglichen Wunder der Schöpfung und das große Wunder der Menschlichkeit ist dort kein Raum mehr. Eine von Hoffnungslosigkeit so tief bedrohte Gesellschaft hungert nach Sensationen. Nur sie können emotional noch etwas verändern.

In der Bibel wird zumal im Neuen Testament die Sinnlosigkeit sensationeller Wunder immer wieder thematisiert. Auch sie spricht von Wundern, aber was dort ein Wunder ausmacht, ist nicht die vermeintliche Durchbrechung der Naturgesetze. Was wir wie die Menschen der Bibel bis heute als Wunder begreifen, ist die Durchbrechung eines existentiell ausweglos erfahrenen Zwanges.

In diesem Sinne aber ist die Geburt eines Kindes aus einer Jungfrau ein überaus beredtes Wunder: Es durchbricht den Zwang männlicher Besitzansprüche, die mit der Zeugung verbunden sind, es befreit die Frau von jeder Unterwerfung unter den männlichen Willen. Die Frau ist mit ihrem Kind nicht mehr durch einen Mann definiert, sondern ganz und gar sie selbst. Darin unterscheidet sich das biblische Wunder der Jungfrauengeburt grundsätzlich von der listigen oder gewalttätigen Zeugung von Göttersöhnen in der Mythologie.

Und so können die Worte »– geboren von der Jungfrau Maria« nur gewaltsam aus dem Kontext heidnischer Mythologie als ein biologisches Wunder missdeutet werden. Im Kontext des Bekenntnisses aber reden die Sätze eindeutig: Dieser Mensch ist »empfangen durch den Heiligen Geist«, seiner Herkunft nach ganz und gar ein Geschenk Gottes, ein Mensch, an dem das Wirken des Heiligen Geistes mit Händen zu greifen ist.

Die hervorgehobene Rolle der Maria im apostolischen Bekenntnis aber wird nun noch stärker profiliert durch den als Kontrast erwähnten Mann:

»gelitten unter Pontius Pilatus«. Steht Maria für die Befreiung der Erniedrigten, so steht Pilatus hier für die Macht der Unterdrücker, stellvertretend für den nicht genannten Kaiser in Rom.

2.6 gelitten unter Pontius Pilatus

Was sagt der Name? Wer ist der Mann, der hier so nachdrücklich als Gegenspieler erwähnt wird zu der Leben spendenden Maria? Vom Kaiser als Statthalter eingesetzt, sorgt er mit Härte für Ordnung. Zwei Anekdoten, die der jüdische Historiker Josephus berichtet, charakterisieren ihn:

Als Pilatus die Feldzeichen seiner Truppen nach Jerusalem bringen ließ, empörte sich das Volk, denn es waren Bilder des Kaisers, die von den Juden – mit Recht – wie Götterbilder angesehen wurden, eine furchtbare Verletzung der Tora. Als Pilatus hart blieb, zog eine große Menschenmenge zu seiner Residenz in Caesarea, und als Pilatus ihre Bitte abschlug, ließen sie sich nieder und blieben dort sitzen, fünf Tage lang. Am sechsten Tag ließ Pilatus Soldaten mit gezogenen Schwertern aufziehen und drohte, sie alle umzubringen. Die Leute aber, nach dem ersten Schrecken, warfen sich zu Boden und boten den Soldaten ihren Nacken dar und riefen, lieber wollten sie hier sterben, als die Tora so zu missachten. Da gab Pilatus nach und ließ die Bilder aus Jerusalem entfernen: ein Erfolg gewaltlosen Widerstandes.

So aber wollte er nicht ein zweites Mal nachgeben. Als er den Tempelschatz konfiszieren ließ, um damit eine Wasserleitung zu bauen, kam wieder eine große Menge zum Protest zusammen. Er aber hatte Soldaten in Zivil unter die Demonstranten gemischt, die auf ein verabredetes Zeichen anfingen, auf die Menge einzuschlagen. Die Demonstration löste sich in wilder Panik auf, viele kamen zu Tode, und – so schließt Josephus – fortan schwieg das Volk (Jos., Bell. II,169–177).

So wusste Pilatus auch gewaltlosen Widerstand gewaltsam zu brechen. Dass Jesus unter diesem Pilatus »gelitten« hat, ist mehr als nur die Erinnerung an eine tragische Geschichte. Pilatus steht für den Kaiser, für die Weltmacht Rom, die konkurrenzlos der ganzen Welt ihre Ordnung diktiert, zur beständigen Bereicherung Roms und zu Lasten der Armen am Rande; der Konflikt mit ihm ist unausweichlich und geht aufs Ganze. Pilatus will den Demonstrationen einer gewaltlosen Hoffnung, wie sie Jesus verkörpert, nicht noch einmal nachgeben. Wollte er menschlich reagieren, wäre er am Ende wehrlos. Das Apostolikum sieht darin den Kern des Konflikts, dessentwegen Jesus sterben musste; mit keinem Wort spricht es von einer Schuld »der Juden«.

Unter heißt zunächst: in der Zeit des Pilatus, der zwischen 26 und 36

Statthalter in Jerusalem war. Jesus hat sich diese Zeit nicht ausgesucht, sein Weg nach Jerusalem hat ihn unter seine Gewalt gebracht, und die war tödlich. Schärfer kann der Kontrast nicht ausgesprochen werden: Maria gab ihm das Leben, sie steht für die Freiheit des Heiligen Geistes, Pilatus gab ihm den Tod (und was für einen Tod!); er steht für die Ordnung, die den Reichtum der Reichen und die Macht der Mächtigen garantiert.

Das Wort »gelitten« ist aber nicht nur Anklage, sondern darunter verborgen ein Wort der Hoffnung. In der Klage des einsamen Jesus in Gethsemane: »Meine Seele ist betrübt bis an den Tod« sieht Luther »die größten Worte der ganzen Heiligen Schrift«. Wer immer so einsam leidet, bis an den Tod, hat von nun an Jesus an seiner Seite.

2.7 Gekreuzigt, gestorben und begraben

Gekreuzigt; gestorben und begraben – hier verweilt das sonst mit Worten so sparsame Bekenntnis länger. Von allen religiösen Strömungen der Umwelt unterscheidet sich die Bibel von Grund auf durch den Realismus, mit dem hier der Tod wahrgenommen wird. Aus diesem Realismus erst erwächst die unbedingte Verpflichtung zur Menschlichkeit; wo der Tod gering geachtet wird, wird auch die Menschlichkeit verachtet. Die Religion Ägyptens mit ihrer wunderbaren, zur Überwindung des Todes geschaffenen Kunst erlaubte offensichtlich die hemmungslose Ausbeutung der Sklaven. Dass die Hebräische Bibel hier völlig anders denkt, hängt mit der Erfahrung der eigenen Befreiung aus der Sklaverei zusammen und mit der dort gewonnenen anderen realistischen Wahrnehmung des Todes.

Alles Reden von der Auferstehung aber gerät immer wieder in diese Gefahr, so »religiös« missverstanden zu werden, als sei der Tod dadurch schon im Vorhinein gegenstandslos geworden. Deshalb wohl verweilt das Bekenntnis so lange bei der Wirklichkeit dieses Todes; viermal wird die Härte der Todeserfahrung beschworen: gelitten, gekreuzigt, gestorben und begraben. Viermal wird unterstrichen, was mit dem Namen Jesus schon angesprochen war: Er war »wahrhaftig Mensch«. Auch die Ehrennamen Christus, Gottes Sohn und unser Herr, gelten von diesem dem Tod ausgelieferten Menschen Jesus aus Nazareth.

Das Bekenntnis gibt dem Tod Jesu ein unerhörtes Gewicht, doch es hütet sich, dies sogleich mit einer Deutung zu verbinden. Jede Deutung gibt vor, das Rätsel gelöst, die Frage beantwortet zu haben. Die in der scholastischen Theologie entwickelte Deutung des Todes Jesu als ein von Gott von vornherein so bestimmtes Sühnopfer für die Sünden aller Menschen hat dadurch bis heute eine verhängnisvolle Wirkung, nicht nur für das Bild Gottes. Das Entsetzen, das der Tod am Kreuz auslöst, wird bis zur Schmerzlosigkeit abgemildert, und so wird es möglich, von nun an im Namen des Kreuzes selbst nicht weniger furchtbare Tode und Kriege zu verhängen.

Die ersten Christen hatten mit Hilfe der Hebräischen Bibel aus dem Nachruf auf den Gottesknecht (Jesaja 53) einen Ansatz gefunden, diesen Tod anders denn nur als ein brutales Verhängnis zu begreifen. Die schwere Frage war damit nicht gelöst, doch immer wieder, sooft sie das Brot miteinander brachen, konnten sie das befreiende und belebende »für euch« selbst entdecken und neu begreifen. Diese Chance besteht nicht mehr, wenn das »für uns« als unbezweifelbares Dogma vorgegeben ist, und die Vorspiegelung, das schwere Rätsel des Todes Jesu sei damit ein für allemal gelöst, kann von nun an Christen und Juden unheilbar voneinander trennen.

Das Apostolische Bekenntnis aber verschont uns vor der Last vorgegebener Lösungen; es stellt uns das Leiden dieses wahrhaftigen Menschen Jesus vor Augen, damit wir selbst fragen und entdecken können, wie die gleichen Fragen von ganz anderer Seite auf uns zukommen, etwa wenn Elie Wiesel von dem Jungen mit dem »Gesicht eines unglücklichen Engels« erzählt (in: Die Nacht; 6. Aufl. Freiburg 1996, S. 94f), der im Lager gehängt wird, vor den Augen der anderen Häftlinge. Sie müssen seinen langen Todeskampf mit ansehen, und einer von ihnen fragt immer wieder: »Wo ist Gott?« »Und ich hörte eine Stimme in mir antworten: Wo er ist? Dort – dort hängt er, am Galgen …«

Genau so, in solcher Trauer und Verzweiflung, haben die ersten Christen im Angesicht der Kreuzigung ihre erste Frage und ihre erste Antwort formuliert. Wo ist Gott? Dort hängt er! Die Antwort stellt weitere Fragen: Ist Gott jetzt selbst am Ende? Oder ist Seine Gegenwart, die Schechina, in diesem Tod so mit Händen zu greifen, dass der Tod darüber sein Gesicht verliert? Doch was immer sich aus dieser Antwort entwickelt, die Theologie des Kreuzes und den Glauben an die Überwindung des Todes, kann nur begreifen, wer zuvor diese Fragen stellt.

Dann aber müssen die Antworten, die wir entdecken, uns nicht mehr voneinander trennen, auch wenn sie sehr unterschiedlich klingen; kommen sie doch aus dem gleichen Entsetzen und der gleichen Trauer. Katharina Hacker erzählt (in ihrem Roman: Eine Art Liebe, Frankfurt/M. 2003, S. 67) von dem entronnenen Juden Himmelstein, der trotz allem noch immer mit Gott redet, doch »er redete mit Gott, um ihm, der ausgespielt hatte, Gesellschaft zu leisten, wie einem, der zum Strang verurteilt ist und darauf wartet, geholt zu werden«.

Ganz anders redet der Midrasch, an den Elie Wiesel erinnert (s. o. S. 34). Gott ist mit ins Exil gegangen: »Er befindet sich in jedem Leiden und erleidet selbst jede Strafe« (a.a.O., S. 140). Auch Bonhoeffer sieht Gott so selbst ins Leiden gehen; er notiert im Juli 1944: »Gott läßt sich aus der Welt herausdrängen ans Kreuz … und nur so ist er bei uns und hilft uns« (WE 394). Ist das nicht die Verheißung, für die von Anfang an der Name Gottes steht: Ich bin da? Oder müssen wir aus dem Entsetzen über diesen Tod die Konsequenz ziehen: »Sein unaussprechlicher Name hat sich gespalten, aufgeteilt und über mehr als einen Ort zerstreut, Er steht für mehr als für ein einziges Sein« (Wiesel a.a.O., S. 141).

Die Christenheit hat schon früh diese Konsequenz gezogen. Seit am Kreuz so offensichtlich vor aller Welt und in solcher Brutalität Hoffnung, Leben und Liebe von den Mächtigen zugrunde gerichtet wurden, ist es noch schwerer geworden, von Gott zu sprechen, ja unmöglich, ihn nur mit dem einen Namen zu nennen, und sei es der tröstliche Name des Vaters. Er ist nicht der Vater, der seinen Sohn in den Tod treibt; er hängt am Kreuz und ist doch nicht gestorben, und er lebt auch in unserer Trauer und in unserer Hoffnung. Wir werden Gott in vielerlei Gestalten finden, denen wir unterschiedliche Namen geben; und doch bleibt Er der Eine und Einzige.

So und nicht anders begreife ich die Notwendigkeit, die in der Christenheit zu dem später so missverständlich entfalteten trinitarischen Reden von Gott geführt hat. Das Bekenntnis kennt noch keine Trinitätslehre; es kennt aber sehr unterschiedliche Gotteswahrnehmungen: Er begegnet uns in der Güte der Schöpfung anders als in dem Tod am Kreuz und noch anders in uns selbst. Sie zu einer Einheit zu verbinden, will uns nicht gelingen, weder in der Logik der Gedanken noch in der unserer Vorstellungen. Deshalb entwickelt sich die Trinitätslehre so überaus kompliziert. Doch von Anfang an war für die Christenheit völlig unantastbar, dass es dabei allein um den einen und einzigen Gott geht, zu dem sich schon Israel bekennt.

Mit dem »begraben« wird der Tod besiegelt. Sie müssen ihn aushalten, müssen ihn aushalten, einen Abend und eine Nacht, einen ganzen Tag und noch einmal einen Abend und eine lange Nacht, bis zum »dritten Tage«.

Es ist die Zeit, von der das Bekenntnis sagt: *niedergefahren zur Hölle*. Damit ist die letzte Tiefe dieses Todes beschrieben, doch ist es nicht zugleich – so jedenfalls versteht es die Ostkirche – schon der Anfang der Überwindung des Todes?

2.8 Niedergefahren zur Hölle

Niedergefahren zur Hölle: Müssen wir wirklich noch fragen, wo die Hölle ist? In den Gefängnissen der Staatsicherheitsdienste ist sie, in Folterzentren und Konzentrationslagern, aber doch auch in der tiefen Verzweiflung derer, die ihrem Leben selbst ein Ende setzen. Die revidierte Fassung »hinabgestiegen in das Reich des Todes« ist davon viel zu weit entfernt und um nichts einfacher zu verstehen. Meint sie mit dem »Reich des Todes« unser irdisches Dasein? Dann müsste dieser Satz am Anfang des Weges Jesu stehen, nicht an seinem Ende. Das Bekenntnis redet auch hier nicht mythologisch, sondern es spricht einfach und direkt von bedrängenden Erfahrungen. Wir alle wissen doch, was das heißt: Da ist die Hölle!

Die Textgeschichte kennt Varianten in der lateinischen Fassung: »descendit ad inferna« heißt die eine Version, d.h. hinabgegangen in die Unterwelt, ins Inferno, in die Hölle; die andere sagt: »... ad inferos«, und das bedeutet: zu denen da unten, den Verlorenen, Vergessenen. Der biblische Bezugstext dafür steht im 1. Petrusbrief (3,19): Christus ist (nach seinem Tode) »hingegangen und hat gepredigt den Geistern im Gefängnis«, nämlich in der Unterwelt.

So ist er hingegangen zu all den trostlos Untergegangenen, die zuletzt keine Hoffnung mehr hatten. Ich muss an die Transporte nach Auschwitz denken und Elie Wiesels Bericht von der Ankunft dort, an das Entsetzen der Kinder und an die Frau, die fortwährend schreit: Seht doch, das Feuer! Flammen überall! Ich muss auch daran denken, was Menschen von der Finsternis erzählen, die in der Tiefe der Depression wartet. Er hat, sagt das Bekenntnis, diese Finsternis mit ihnen allen geteilt, die dort hineingetrieben wurden, vor ihm und mit ihm und nach ihm. Die Hölle kennt keine Zeit.

Die Formulierung im Apostolikum geht noch weiter; sie meint (im Sinne der Offenbarung des Johannes 1,18): Christus hat jetzt die Schlüssel zum Totenreich, dessen Pforten noch niemand öffnen konnte (nicht einmal, so sagt es die alte griechische Sage, der liebende Sänger Orpheus mit seiner selbst die Herzen der Götter bewegenden Klage). Christus hat mit seinem Tod diese Pforten aufgesprengt und dem Tod und der Hölle die Endgültigkeit genommen. »Die Schrift hat verkündet das, wie ein Tod den andern fraß«, singt Luther in seinem Osterlied.

Solche Sätze sind unserem zaghaften Glauben weit voraus, doch lässt sich noch erkennen, aus was für Erfahrungen sie herkommen. Wo Unschuldige hingerichtet werden, da verlieren die beteiligten Instanzen ihre Glaubwürdigkeit, die Richter und die Vollstrecker des Urteils, auch das Gesetz, nach dem geurteilt wurde. Sie haben keine Rechtfertigung mehr, sie werden selbst zur Gewalt, die das Recht willkürlich bricht. Selbst der Anschein des Rechts ist diesem Tod genommen. So kann Paulus im 1. Korintherbrief triumphierend feststellen, dass die Mächtigen, indem sie Jesus gekreuzigt haben, sich damit vor aller Welt bloßgestellt haben (1Kor. 2,8). Dieser Tod und die Hölle, die sie dem Verurteilten damit bereiten wollten, haben ihr Recht verloren – aber auch ihre Macht?

Günter Eich erzählt in seinem Hörspiel »Festianus Märtyrer« die Geschichte des Heiligen Festianus, der im Himmel nicht zufrieden ist, weil er dort seine Schutzbefohlenen nicht mehr wiederfindet, Verlorene, Sünderinnen und Sünder; und als er sie in der Hölle findet, bleibt er dort bei ihnen. Ihm wird angedroht, wenn er nicht zurückkehre, müsse er für immer dort bleiben; da triumphiert er: Ist euch der Himmel nicht endgültig, so ist es mir die Hölle schon gar nicht! Und so verlieren, indem er dort bleibt, die höllischen Qualen ihre Ausweglosigkeit. Mit seinem Ausharren bei den Verlorenen hat er die Pforten der Hölle gesprengt.

Ist das ein Bild dieser Hoffnung? Es kehrt wieder in Berichten aus der Hölle der Vernichtungslager, die festhalten, was ein Funke Menschlichkeit dort ausrichten konnte. André Schwarz-Bart lässt den »Letzten der Gerechten«, Erni Levy, zuletzt noch auf dem Weg zur Todeskammer die Kinder trösten mit einer Hoffnung, die er in sich selbst nicht mehr findet und doch in den überlieferten Worten der Verheißung noch festhält: Kinder, jetzt, da wir in das Reich kommen ... Wir werden das Reich zusammen betreten ... sogleich ...

Jesus in dieser Hölle zu wissen, nimmt ihr nicht den Schrecken, aber ihre Endgültigkeit. Er ist dort nicht nur als Bruder und Freund, als Tröster der Kinder, er hat auch seine brennende Hoffnung dorthin mitgenommen. Das hat die Pforten der Hölle gesprengt. So fand es Luther in einem dunklen Wort aus dem Hoseabuch, das er übersetzt: Tod, ich will dir ein Gift sein. Hölle, ich will dir eine Pestilenz sein! (Hos. 13,14) Was für eine Hoffnung: Menschlichkeit könnte selbst die Hölle so infizieren, dass sie daran am Ende kraftlos zugrunde geht! Dies ist auch die Hoffnung der Bergpredigt.

Wieder sind es Worte der Psalmen und der Propheten, die auszuleuchten vermögen, was das Bekenntnis nur mit sparsamen Worten andeutet. In der letzten Zuspitzung der Passion sind die Worte des Propheten auf Schritt und Tritt gegenwärtig:

> Ich bot meinen Rücken dar denen, die mich schlugen.
> Mein Angesicht verbarg ich nicht vor Schmach und Speichel.
> Aber Gott der Herr hilft mir, darum werde ich nicht zuschanden.
> Ich weiß, dass ich nicht zuschanden werde. Er ist nahe (Jes. 50,6–8)

In diesem Vertrauen des Propheten und der Psalmen ist Jesus seinem Tod entgegengegangen. Im 139. Psalm wird die Gewissheit der Gegenwart Gottes bis in den Tod hinein festgehalten:

> Läge ich in der Hölle: Siehe, so bist du auch da
> denn auch Finsternis nicht finster ist bei Dir (Psalm 139,8.12)

Gottes Gegenwart zu erfahren noch in der Tiefe des Todes und (so übersetzt Luther) »der Hölle«: Dieses Vertrauen durchbricht selbst die Klage früherer Psalmen, dass die Toten, »derer du nicht mehr gedenkst«, »von deiner Hand geschieden sind« (Psalm 88,6).

Das Vertrauen, mit dem der 139. Psalm selbst in die Finsternis der Hölle

schaute, sehen die Zeugen in dem Sterben Jesu verwirklicht: Die Gegenwart Gottes, aus der er beständig lebte, hat er auch in seinen Tod mit hinein genommen. Der Schrei des Sterbenden: Mein Gott, warum hast du mich verlassen! (Psalm 22,2) gibt das Vertrauen nicht preis, sondern hält es fest; die Anrede »Eli, mein Gott« gilt noch in dieser Verlassenheit; sie behält auch in der Klage das letzte Wort: ... von Mutterleib an bist Du mein Gott – Eli (Ps. 22,11).
Und so, wie er die Erfahrung der Nähe und der Güte Gottes in die Dunkelheit der Verlorenen und Verzweifelten hineingebracht hat, so hat er sie auch mitgenommen in seinen Tod hinein. Das Neue Testament und mit ihm das Apostolikum sagen es öffentlich, dass das nicht ohne Folgen blieb. Denn danach kann auch der Tod nicht mehr die völlige Finsternis sein, als die wir ihn definieren, der Abbruch aller Beziehungen, das Ende schlechthin. Die Pforten der Hölle und des Todes schließen nicht mehr; sie haben an ihm die Macht der endgültigen Trennung verloren.
Hinabgestiegen in das Reich des Todes? Er ist wahrhaftig durch die Hölle gegangen; und hier in der äußersten Trostlosigkeit, so lässt das Apostolikum begreifen, beginnt etwas Neues. Erst in dieser Tiefe beginnt die Geschichte einer neuen Hoffnung, die wirklich in die letzte Tiefe hinabreicht, in der Trostlosigkeit nicht mehr ignoriert oder geleugnet werden muss; sie wird überwunden, »denn auch Finsternis nicht finster ist bei Dir«. Das geht nicht mit einem Schlage: Es braucht Zeit, lange Tage und lange Nächte. Doch dann wird den Mächtigen das Ende ihrer Macht verkündet:

2.9 am dritten Tage auferstanden von den Toten

2.9.1 Am dritten Tage

So sparsam das Bekenntnis von der Auferstehung Jesu redet, macht es uns doch in dieser Zeitangabe »am dritten Tage« mit einer geradezu bestürzenden Deutlichkeit klar: Seine Auferstehung erlaubt uns nicht, den Tod für nichtig zu erklären. Sie erspart uns nicht die Bitterkeit des Todes, die Trostlosigkeit danach und die Zeit der Dunkelheit und Trauer. Am dritten Tage – das heißt: Erst nach vielen dunklen Stunden wird etwas sichtbar von dem neuen Licht.
Die Geschichte von den drei Frauen, die sich am Ostermorgen zu dem Grab aufmachen, beginnt in dieser Dunkelheit. Von vornherein erscheint alles sinnlos, was sie vorhaben. Sie nehmen heilende Salben mit, doch was soll da noch heilen? Sie wollen zu ihm, so als lebte er noch, als forderten seine Wunden endlich Linderung; doch längst hat der unverrückbar große schwere Stein den Zugang endgültig verschlossen. Sie haben keine Hoffnung, keine Erwartung, ihr Vorhaben ist nur noch ein Aufschrei, Klage und Anklage, Protest gegen diesen sinnlosen Tod.

Am dritten Tage – so spricht das Bekenntnis auch gegen die damals wie heute populären Umwege, den Tod zu umgehen, in der vagen Hoffnung, etwas in mir, die Seele oder mein Selbst, jedenfalls irgend ein himmlischer Funke werde in sich selbst die Kraft haben, aus dem sterbenden Leibe frei und unbeschadet zu entschweben zu einem neuen Leben. Was sterben heißt, erfahren wir anders. Der Trost, den solche Vorstellungen versprechen, ist sehr anfällig: nur ein Hinwegtrösten über den Schrecken des Todes, schon mit dem Keim kommender Trostlosigkeit.

Fatal sind aber auch die Konsequenzen: Unsterblichkeitshoffnungen und die zu ihnen gehörenden Rituale haben die Wirkung, dass sie suggerieren, das eigentliche, wahre Leben warte erst jenseits des Todes. Mit dieser Vertröstung rücken sie das Leben auf dieser Erde in den Halbschatten des nur Vorläufigen und das Schwergewicht der Gotteserfahrung in das Jenseits. Das irdische Leben verliert den Glanz der Gegenwart Gottes und den letzten Ernst, den es als das große und einmalige Geschenk Gottes hat.

Das Alte wie das Neue Testament sind in der Nachbarschaft solcher Unsterblichkeitsrituale entstanden; die Vorstellungen eines Lebens nach dem Tode sind dem Volk Israel und der Urgemeinde keineswegs fremd, sondern sehr gut bekannt. Es ist nicht Unkenntnis, sondern tiefer Abscheu gegen die trügerische Hoffnung auf die Götter Ägyptens und des Hellenismus, wenn die Bibel sich dagegen so konsequent zur Wehr setzt. Denn Israel hat am eigenen Leibe in der Sklaverei die sozialen Folgen dieser Vertröstung erfahren. Das ist die Ursprungserfahrung seines Glaubens an den so deutlich davon unterschiedenen Gott Israels: Aus der schönen Welt der Götter Ägyptens gab es keinen Einspruch gegen die hemmungslose Ausbeutung der Sklaven hier auf der Erde.

Mit ähnlichen Erfahrungen ist das Neue Testament konfrontiert: Die im Hellenismus herrschende Weltsicht, die in der Heilslehre der Gnosis kulminiert, blickt verächtlich auf die Bedürfnisse des fleischlichen Leibes herab, vor allem auf die der Armen; die Reichen sorgen schon für sich selber. Der Frage nach der sozialen Gerechtigkeit und der durch die Verhältnisse dringend geforderten leibhaftigen Nächstenliebe, der sich jüdische und christliche Gemeinden hingebungsvoll widmeten, ist damit der Boden entzogen.

Aus solchen Erfahrungen lebt im Alten Testament die scharfe Absage an jeden Umgang mit den Göttern, die Unsterblichkeit verheißen, aber nur den Großen, während die Kleinen dieser vermeintlichen Unsterblichkeit geopfert werden. Die Verlogenheit dieser Götter hat Israel durchschaut und sie in ihrer Unmenschlichkeit als »Gräuel« erkannt. Gott will nicht, dass lebendige Menschen um der Toten willen für die Unvergänglichkeit gigantischer Grabmale geopfert werden.

Die gleiche Absage steht so auch im Neuen Testament, von Jesus scharf formuliert: Gott ist nicht ein Gott der Toten, sondern der Lebendigen (Mk. 12,27 und parr.). Um die jetzt Lebenden, um ihre Klage, ihr Schreien nach Gerechtigkeit geht es, ihnen gilt Gottes leidenschaftliche Zuwendung, für sie zuallererst ist er da. Verlassen wir diese Grundlage, so verlassen wir auch den Weg der biblischen Hoffnung. Nur: Wenn die, an denen die Hoffnung der Menschen hängt, immer wieder von den Gewalttätern zum Verstummen gebracht werden – worauf sollen wir dann noch hoffen?

2.9.2 Wo finden wir noch Hoffnung?

An dieser Stelle des Bekenntnisses geht es um die Auferstehung des Gekreuzigten, nicht um meine Auferstehung. Das sind zwei sehr verschiedene Perspektiven. Im Blick auf Jesus geht es um die Frage, wo und wie nach diesem Triumph der brutalen Gewalt überhaupt noch etwas von seiner Hoffnung festzuhalten ist. Dass er für die Seinen lebendig und gegenwärtig blieb, wird zum Ansatzpunkt einer neuen Hoffnung. Mit ihm ist seine Hoffnung auferstanden.

Frage ich dagegen nach meiner Auferstehung, so bin ich schnell verstrickt in ein Knäuel rational und emotional sehr schwieriger Fragen und Vorstellungen. Wir werden im Dritten Artikel wieder darauf stoßen. Dort ist sogar von der Auferstehung »des Fleisches« die Rede, doch nun in einem Kontext, der Klarheit und Eindeutigkeit schafft. Hier aber geht es erst einmal um das Leben dessen, an dem die Hoffnung der Armen hing und den die Mächtigen deshalb zugrunde richten wollten. Es geht um die offensichtliche Niederlage dieser Hoffnung:

Denn gekreuzigt, gestorben und begraben war auch sein Traum von einer Erde, die den Armen und den Sanftmütigen gehört. »Da verlor die Sonne ihren Schein«, schreibt Lukas (Lk. 23,45). In was für einer Finsternis bliebe die Erde zurück, gäbe es diesen Traum nicht mehr! Die Oberen wollten, dass er mit dieser Hoffnung vor aller Augen zuschanden wurde und danach in trostlosem Vergessen unterging. Nach seinem qualvollen öffentlichen Sterben konnten sie sich beruhigt sagen: Der steht nicht wieder auf! Seine gewaltlos und liebevoll befreiende Hoffnung sei damit, so meinten sie wohl, drastisch genug widerlegt.

Wodurch konnte diese Sicherheit der Gewalthaber widerlegt werden? Sicher nicht dadurch, dass sein Grab nach einigen Tagen leer aufgefunden wurde. Das ist kein tauglicher Beweis für eine Auferstehung; es gibt dafür andere nahe liegende Erklärungen. Schon das Neue Testament weiß von dem Gerücht, der Leichnam sei aus dem Grab gestohlen. Auch nicht dadurch, dass einige der mit ihm am engsten Verbundenen plötzlich Erscheinungen hatten, Visionen, die von anderen rasch und einleuchtend als Wunschträume erklärt werden konnten, in heutiger Sprache: aus der tiefen Traumatisierung geborene Halluzinationen. Was haben wir der Sicherheit der gewalttätigen Realisten entgegenzusetzen?

Die scheinbar ganz einfachen Antworten helfen uns wenig. Verständlich ist, dass angesichts der hoch komplizierten und abstrakten theologischen Diskussion der Ruf nach einer ganz einfachen elementaren Antwort laut wird. Doch die so genannten einfachen Fragen und Antworten sind oft genug einfach nur platt. Im Johannesevangelium sind es immer die ganz einfachen Fragen, in denen sich banales Missverstehen äußert bis hin zu einer Verständnislosigkeit gegenüber Jesus, die nur noch dumm ist. Wir haben allen Anlass, ihnen zu misstrauen.
Die am weitesten verbreitete dieser scheinbar ganz einfachen Antworten öffnet Missdeutungen der Auferstehung Tür und Tor: Es handele sich doch, so wird gesagt, um ein von der Bibel bezeugtes Faktum, das wir schlicht weiter zu bezeugen hätten. Gott habe uns mit der Auferstehung Jesu gezeigt, dass es ein Leben nach dem Tode gibt. Die Begegnungen der Jünger mit dem Auferstandenen seien der Beweis dafür. Für den Glaubenden sei das Todesproblem damit gelöst. Was uns nach den Naturgesetzen unmöglich erscheint, sei Gott selbstverständlich möglich.
Doch als ein solches Beweismittel gegenüber Fragenden ist die Auferstehung denkbar ungeeignet. Nur die werden sie als Beweis ansehen, die ohnehin glauben.
Wer die Auferstehung so als »reales Faktum« sieht, spricht nur scheinbar die Sprache starken Glaubens; in Wahrheit wird die Auferstehung aus einer Distanz betrachtet, in der man gut darüber reden, aber nichts mehr von ihrer erneuernden belebenden Hoffnung wahrnehmen kann. So wenig wir uns Gott nähern können mit der Frage, ob »es Gott gibt«, so wenig begreifen wir mit der Frage, ob »es ein Leben nach dem Tode gibt«, von der Auferstehung.

Als Faktum verstanden, richtet die Auferstehung wenig aus gegen die alltäglich erfahrene Übermacht der Fakten, die der Tod schafft. Auf der Ebene der Fakten hat der Tod doch immer die stärkeren Argumente. Wo es aber um die Überwindung des Todes geht, ist eine andere Wahrnehmung notwendig. Die Ostergeschichten des Neuen Testaments öffnen uns dafür die Augen.
Bis heute werden Ostergeschichten so erzählt, vor allem Kindern, als seien diese Erscheinungen ein Wahrheitsbeweis für die Auferstehung. Doch diese Beweislast können sie einfach nicht tragen, heute schon gar nicht mehr. In der virtuellen Welt des Bildschirms erleben die Kinder ständig Furcht erregende Geschichten von der Wiederkehr der Toten. Aber so meinen es auch weder die Evangelien noch Paulus. Es muss schon etwas anderes geschehen sein.
Wir haben genug Erfahrungen mit dem Grauen, das dort wächst, wo gewaltbesessene Machthaber ihre vermeintlichen Feinde zu beseitigen wissen, so spurlos wie möglich: Sie hinterlassen eine tiefe Spur seelischer Verwüstung: grauenhafte Angst, unheilbare Traumatisierungen, lähmende Verzweiflung und tödliche Hoffnungslosigkeit. Was muss, was kann überhaupt geschehen, um solche Verletzungen zu heilen, um eine solche Lähmung zu überwinden? Eine momentane Erleuchtung ist nicht genug,

wo die Sonne all ihren Glanz verloren hat. Was musste geschehen, dass sie nun wieder leuchtet, dass sie sogar den verzweifelten Frauen am Grabe aufgeht (Mk. 16,2) und aus ihnen Botinnen einer neuen Hoffnung macht?

Der Hinweis auf die Engel hilft uns nicht weiter; von Engeln sprechen die Menschen der Bibel, wo ihnen Gott so nahe kam, dass es leibhaft spürbar war; doch scheuen sie sich, diese Nähe in Worten zu drastisch festzuhalten. So stehen auch der oder die Engel am Grabe dort für die Erfahrung, dass der Name Gottes wahr ist: Ich bin da! Wer nur nach Fakten fragt, begreift davon nichts; nur wer mit von Trauer so geschärften Sinnen danach sucht, nimmt diese Gegenwart Gottes wahr.

Die Worte »am dritten Tage« holen uns zurück auf den Weg, auf dem wir gekommen sind. Wir kommen von der Erfahrung her, dass die Mächtigen tun, was sie wollen. Wenn es um ihre Interessen geht, lassen sie sich keine Schranken setzen. Der Tod ist das letzte Mittel ihrer Macht. Deshalb ist die Nacht dieses Todes so finster. Und aus dieser Nacht kommen wir her.

Nur die Psalmen finden in solcher Finsternis noch Worte:

> Steh auf, Herr! Denn
> weil der Gewalttäter Übermut treibt,
> müssen die Elenden leiden! (Psalm 10,2.12)

Doch in den Psalmen hören wir auch die Antwort:

> »Weil die Elenden Gewalt leiden,
> und die Armen seufzen,
> will ich jetzt aufstehen«, so spricht der HErr,
> »ich will Hilfe schaffen dem, der sich danach sehnt.« (12,6)

Das ist profetische Rede; mit der »Botenformel«: »So spricht der HErr!« aktualisieren sie die Zusage, die in dem Namen Gottes laut wird: Ich bin da! Gericht und Hoffnung hängen an der Wahrheit dieses Namens; wenn nicht alles Lüge war, was bisher in diesem Namen gesagt wurde, dann wird er auch jetzt aufstehen und so antworten, dass sie es wahrnehmen und begreifen. Dessen sind sie jetzt gewiss, und so wird dieses Wort: aufstehen – zum Grundwort ihrer neuen Hoffnung.

2.9.3 Auferstanden – Grundwort einer neuen Hoffnung

Welch eine Befreiung, wieder aufzustehen, aus dem Darniederliegen wieder hochzukommen, die erzwungene Ohnmacht zu beenden, wieder auf den eigenen Füßen zu stehen, aus der Niederlage wieder den Kopf zu heben, aus der Passivität ins aktive Leben zurückzukehren! Wir kennen das aus unseren Erfahrungen mit den Schatten und Vorformen des Todes. Die Bibel wagt es, diese Erfahrung bis in den Tod hinein zu treiben. Tote stehen wieder auf! sagt Jesus selbst von der Wirkung seiner Botschaft (Mt. 11,5); es ist das Markenzeichen seiner unbescheidenen Hoffnung. Jetzt wird es zugespitzt auf seinen eigenen Tod.

Das Wort *auferstanden* lässt in den biblischen Sprachen wie in der deutschen an Aufstand und Widerstand denken. Und anders noch als die biblischen Sprachen vermag die deutsche Sprache dem Wort den Unterton des vollendeten Triumphes mitzugeben: Die unscheinbare Silbe »er-« verleiht im Deutschen dem beschriebenen Vorgang den Charakter des Endgültigen, Definitiven (so wie sich etwa das Werben im Erwerben und das Kennen im Erkennen vollendet). So verwandelt dieses Wort, in dem Jesus aufersteht, sein Aufstehen gegen die Mächte des Todes in seinen endgültigen Sieg.

Dieser Sieg allerdings ist so ungeheuerlich wie das Wort, das ihn beschreibt. Es ist ja nicht ein Sieg in einem Kampf Mann gegen Mann, Jesus gegen Pilatus, sondern der Kampf, den Jesus führte, erinnert eher an Menschen, die versuchten, anrückende Panzer mit bloßen Händen aufzuhalten. Hinter Pilatus steht die geballte militärische und wirtschaftliche Macht eines Weltreiches, und die ist es gewohnt, keine Rücksicht zu nehmen auf den Aufschrei von Einzelnen; sie nimmt ihn gar nicht wahr.

Womit tritt Jesus dieser sich wie in einem Rausch immer noch weiter steigernden Übermacht (Offb. 17,2) entgegen? Er hat nichts als das einfache Wort, die menschliche Zuwendung, die wehrlose Gebärde der Liebe. Sein Wort hat manchmal die Kraft des überzeugenden Arguments, manchmal auch die des verständlichen Zorns, doch ist es nie ein aufhetzendes, zu Hass und Gewalt aufreizendes Wort. Es bleibt selbst im Zorn noch ein Werben um Verstehen und Zustimmung.

Woher nur nimmt er den Mut dazu? Und nicht nur den Mut, anzufangen, sondern auch durchzuhalten bis zum Letzten? Er will damit nicht nur Einzelne erreichen, sondern das Volk, und wirklich: Er erreicht und bewegt die Massen. Doch wir wissen, wie sich im Bewusstsein der Massen ein einziger Akt der Gewalt tiefer und wirksamer eingräbt als jahrelange geduldige Arbeit für Versöhnung und Frieden. Die Mächtigen sind nicht nur in erdrückender Übermacht, sie haben es auch viel leichter, zu zerstören, wo er versucht hat, zu bauen und zu säen.

Ja, woher nimmt er den Mut? Was hat er für Perspektiven? In seinem Vertrauen nimmt er etwas von dem ungeheuerlichen Sieg vorweg, von dem an seinem Ende die Rede ist, von dem Sieg des Lebens über die erschreckend sich aufbäumende Macht des Todes. Es gibt für diese Hoffnung nur einen Grund: das Vertrauen auf Gott den Schöpfer, der die

Schöpfung von allem Anfang an darauf angelegt hat und der nicht preisgibt, was er geschaffen hat. Für ihn redet die ganze Schöpfung von der Auferstehung, doch unsere Augen sind noch getrübt.
Jesus hat den menschenfreundlichen guten Willen des Schöpfers in die Konturen einer bis zum Wahnsinn gewalttätigen Welt hineingeschrieben: Die Hungernden werden satt, die Trauernden werden getröstet, den Sanftmütigen gehört die Erde. Er verkündet den Triumph des Lebens, doch ohne Triumphalismus, einen strahlend tröstlichen Sieg, der doch nicht auf der Straße der Sieger wartet, sondern in der Gemeinschaft der victims, ihrer Opfer. Was er sagt und tut, holt sie und die Erde aus dem Schatten des Todes in das Licht der Auferstehung.
Zuletzt hat er sie – in der Nacht, da er verraten wurde – mit dem Brot, das sie zum letzten Male teilten, und in dem Wein die Nähe seines Todes spüren lassen und dies doch zugleich in eine Verheißung des Lebens verwandelt: In dem Brot sollen sie jeden Tag seine Gegenwart wahrnehmen, die sie stärkt für den kommenden Tag, und mit dem Wein soll das Leben, das er für sie hingegeben hat, sie durchströmen und neu beleben.
Und so erfahren sie dann auch tatsächlich beim Brechen des Brotes und beim Teilen des Weines, wie er bei ihnen ist: Er redet zu ihnen, er begleitet sie und weist ihnen den Weg, er tröstet sie, er lässt sie nicht allein. Und so geschieht es, dass sie seine verwegene unbescheidene Hoffnung für die Menschen weitertragen, ohne Furcht vor den Mächtigen, und dass seine große Liebe zu den Kleinen und den Armen unter ihnen lebendig bleibt. Die anderen müssen staunen und begreifen: Die Gewalthaber haben ihn nicht zum Schweigen gebracht, er ist jetzt an vielen Orten gegenwärtig und redet nachdrücklicher denn je.
»Auferstanden« ist ein aktives kämpferisches Wort. Es spricht von der Überwindung der Niederlage, vom Ende der Depression, vom Widerstand gegen die herrschenden Mächte. Das Bekenntnis nennt nur dieses eine Wort, das dann auch in der späteren Überlieferung zum beherrschenden wurde. Es benennt die gesellschaftliche Dimension des Geschehenen. Auf die Frage der historisch-kritischen Exegese, was denn historisch greifbar sei, ist dies die Antwort: Er ist in das Zeugnis der Jünger hinein auferstanden, dort ist er lebendig.
Das ist einleuchtend, hat aber eine deutliche Schwäche. Die Verwandlung der Jünger – das ist die historisch greifbare Seite der Auferstehung. So hat auch Rudolf Bultmann im Rahmen seiner »Entmythologisierung« argumentiert. Das ist ein Ansatz, mit dem auch der kritische Verstand umgehen kann. Doch eine entscheidende Frage bleibt: Woher kam denn diese Verwandlung?
Einsichtig ist, dass die Auferstehung Jesu nur im Engagement der Jüngerinnen und Jünger historisch fassbar wird. Unbeteiligten Zuschauern ist

sie nicht zugänglich. Nur wer von dieser neuen Hoffnung ergriffen ist, kann davon reden. Nur: Wird so nicht unter der Hand die Ergriffenheit zum Wahrheitskriterium der Auferstehung? Hält sie auch noch stand in den ungeheuerlichen Gefährdungen unserer Tage, wird sie uns trösten, wenn wir sehen, wie alles Leben auf der Erde von Vernichtung bedroht ist?
Ja: Ist die Begeisterung von uns Jüngerinnen und Jüngern ein noch heute überzeugendes Wahrheitskriterium? Ist nicht unter uns die Begeisterung längst einer tiefen Resignation gewichen? Woran sollen wir uns dann noch halten? Wo finden wir Vergewisserung, wenn die eigene Begeisterung nicht mehr trägt?
Glücklicherweise lassen uns die neutestamentlichen Texte noch andere Dimensionen der Auferstehung erkennen. Dort wird das Verb *auferstanden* von zwei anderen flankiert, die – durch die Übersetzungen zuweilen unkenntlich geworden – uns auf andere Weisen der Wahrnehmung hinweisen. Es sind keine aktiven Verbformen, sondern sie sprechen im Passiv: Er wurde auferweckt und wurde gesehen. Das Passiv zeigt – so ist es jüdischer Sprachgebrauch: Von Gott her ist etwas geschehen.

2.9.4 Der Grund der Gewissheit: von Gott auferweckt

Das Wort »auferweckt« ist in den Übersetzungen oft gar nicht mehr zu erkennen; es wird häufig durch »auferstanden« wiedergegeben. Das ist ein Verlust. Wir fragen nach Vergewisserung, und da hilft uns das Wort *auferstanden* wenig weiter. Es motiviert die Leidenschaft öffentlichen Widerspruchs und weltweiter Hoffnung. Zu meiner eigenen Vergewisserung aber brauche ich noch mehr.
Anders das Wort »auferweckt«. Dies ist eigentlich das Grundwort. Er ist auferweckt worden: In der ältesten Überlieferung war es offenbar noch (anders als in der späteren Tradition) das beherrschende der drei Verben, mit gutem Grund: Hier finde ich, was ich suche. Hier öffnet sich ein anderer Zugang.
Anders als die anderen beiden Hauptverben des Ostergeschehens fixiert es uns nicht auf das Problem der Vorstellbarkeit: Wie denn soll ich mir die Wiederbelebung eines Leichnams vorstellen? Vorstellungen helfen uns wenig, der allgegenwärtigen Todesangst und der tödlichen Resignation zu trotzen.
Halten wir uns also an das Wort »auferweckt«. Es ist mit anderen Erfahrungen gefüllt, mit Erfahrungen unseres Alltags und Erfahrungen der Psalmen. Und nur auf diesem Weg, von solchen inneren Erfahrungen her, können wir einen Zugang finden zu dem, was das Innerste der biblischen Hoffnung ausmacht.

Das Wort »auferweckt« nimmt der Erfahrung des Todes nichts von ihrer Härte und Schwere. Sie wird vorausgesetzt. Er hat sein Leben verloren. Er ist gestorben, wie ein Mensch qualvoll, durch brutale Gewalt stirbt. Solch ein Sterben ist das Ende all der Hoffnungen, die sich an ihn gehängt hatten. Das wird besiegelt dadurch, dass er »begraben« wurde. Auch er gehört zu den vielen, von denen der 22. Psalm sagt, dass sie »ihr Leben nicht konnten erhalten« (Ps. 22,30). Von seinem Leben bleibt den Zurückgelassenen nichts als die Trauer und das Gedenken.

Doch wird ein solcher Realismus der Wirklichkeit seines Lebens ganz gerecht? Denn da ist noch eine andere Wirklichkeit: die seines Vertrauens. Bis zuletzt ist Jesus seinen Weg in dem Vertrauen gegangen, aus dem die Psalmen leben: Deine rechte Hand hält mich. Du bist bei mir (Psalm 63,9; 23,4). Wie der Prophet im Exil, der Gottesknecht im Zweiten Jesajabuch, weiß er: Gott mein Herr hilft mir, darum werde ich nicht zuschanden. Wie der Prophet bietet er seinen Rücken den Schlägen dar und sein Gesicht den Schmähungen und hat dabei doch sein »Angesicht hart gemacht wie einen Kieselstein, denn ich weiß, dass ich nicht zuschanden werde« (Jes. 50,7).

Wir haben kein Recht zu bezweifeln, dass er dieses Vertrauen bis zuletzt festhielt. Auch im Sterben noch schreit er: Eli – mein Gott! Mein Gott, warum hast du mich verlassen! Die Klage des 22. Psalms ist kein Schrei der Verlassenheit, sondern er schreit nach Gott und hält noch mit dem letzten Atem fest an Gott: Eli – mein Gott!

Die Frage ist nur, wie wir uns dazu stellen: ob wir aus dem Abstand der Zuschauenden das erstaunliche Gottvertrauen bewundern, das uns heute – wie so oft gesagt wird – nicht mehr zur Verfügung sei, oder ob wir uns auf die Frage nach seiner Wahrheit einlassen: War er im Recht mit dem Vertrauen, dass Gottes Hand ihn hält, was immer geschieht, auch in diesem Tode?

Alles, was er gesagt und getan hat, lebte aus dieser Gewissheit. Nur so konnte er in einer Welt der Gewalttätigkeit sagen: Glaubt mir, die Hungernden werden satt, die Trauernden werden getröstet, den Sanftmütigen gehört die Erde. Mit seiner Predigt vom kommenden Reich Gottes hat er diese Gottesgewissheit auch in die sozialen Bezüge hineingeschrieben. Den Mächtigen erschien das als bedrohlich, und sie wollten mit seiner Hinrichtung nicht nur ihn zum Schweigen bringen, sie wollten sein unbedingtes Vertrauen auf den Gott aller Gerechtigkeit widerlegen. Hatten sie Recht damit – oder er? Was glauben wir wirklich?

Dies ist die Kernfrage. Auferstehungshoffnung ist an ihr vorbei nicht zu haben. Hatte Jesus Recht mit dem Vertrauen: Gott der Herr hilft mir, darum werde ich nicht zuschanden! – so hat ihn Gott auch nicht im Tod gelassen.

Auch im Blick auf meinen Tod ist das die entscheidende Frage. Dass ich am Ende meines Lebens Gott begegne, weiß ich. Die Frage ist, was ich dann von ihm erwarte. Ob ich mir vorstellen kann, dass ein toter Leib wieder lebendig wird, ist dafür völlig belanglos.
Wo überhaupt finde ich eine Sprache für das, was in dieser letzten Begegnung auf uns wartet? Bei Hiob kann ich sie finden, auch im Buch des Zweiten Jesaja und vor allem im Buch der Psalmen: Du wirst meine Seele nicht im Tode lassen (Ps. 16,10); Du holst mich wieder herauf aus der Tiefe (71,20). Von dem, der als Botschafter der Befreiung gewaltsam zum Schweigen gebracht wird, heißt es in einem Nachruf im Buch des Zweiten Jesaja:

> Weil seine Seele sich so abgemüht hat,
> wird er das Licht schauen und die Fülle haben (Jes. 53,11).

Ich weiß, dass Jesus in diesem Vertrauen der Psalmen und der Propheten gelebt hat, gewiss noch ganz anders, als ich es je könnte. Diesen Abstand werde ich nie einholen. Doch ich bin gefragt, ob er damit im Recht war; und mit meinem Glauben oder Unglauben antworte ich täglich auf diese Frage.
»Ich glaube, dass Gott kein zeitloses Fatum ist«, schrieb Bonhoeffer, »sondern dass er auf aufrichtige Gebete und verantwortliche Taten wartet und antwortet« (WE 21). Auf das Vertrauen Jesu hat er geantwortet: Er ließ ihn im Tod nicht zuschanden werden. Sowenig ich mir ein Bild von Gott machen kann, sowenig kann ich mir eine Vorstellung davon machen, wie die Begegnung mit Gott im Tode verläuft.
So hält Jesus bis zuletzt fest an dem: mein Gott. Er weiß: Er ist nicht ein Gott, von dem am Ende alle verschlungen werden wie die Tropfen vom Ozean. Die Begegnung mit diesem Gott, »der dein Leben vom Verderben erlöst« (Ps. 103,4), ist kein Untergang, sondern Leben. Darauf hat er vertraut.
Und so ist es geschehen in der unvorstellbaren Begegnung mit Gott am Ende des Weges Jesu: Gott hat ihn auferweckt. Das ist ein Geschehen zuerst nur zwischen Jesus und seinem Gott. Wie aber antwortet Gott auf die zerschlagene Hoffnung und die tiefe Verzweiflung der Frauen und der Jünger? Wie sollen sie erkennen, dass Gott ihn nicht zuschanden werden ließ? Die Antwort ist: Sie könnten es wissen, wenn sie glaubten wie er. Aber es ist noch mehr geschehen: Sie haben ihn gesehen, sie haben es selbst wahrgenommen: Er lebt.

2.9.5 Erschienen? Gesehen!

Mit der Zusage: Dort werdet ihr ihn sehen! hat der Evangelist Markus uns, seine Leserinnen und Leser, entlassen (Mk. 16,7). Er schickt uns auf den Weg mit der Verheißung, eigene Gewissheit zu erlangen.
Ich will es selbst sehen! sagt auch Thomas. Das ist keine unbillige Forderung, der Glaube verlangt eigene Gewissheit. Er kann nicht von der Gewissheit anderer leben. Das Wort *Sehen* beschränkt sich dabei auch in der griechischen Sprache nicht auf das Optische. Es fordert aber jedenfalls, dass ich selbst wahrnehme, selbst entdecke.

Gesehen: Mit dem dritten der neutestamentlichen Stichworte, mit denen die Erfahrungen im Umfeld der Auferstehung Jesu beschrieben werden, haben wir besondere Schwierigkeiten. Das liegt an Verschiebungen der Semantik und vor allem an unglücklichen Übersetzungen:
Wo die meisten deutschen Übersetzungen sehr missverständlich sagen, er sei den Jüngern »erschienen«, verwendet der griechische Urtext eine Form des einfachen Verbs »sehen«. Wie im Deutschen hat dieses Verb eine weit über das Optische hinausgehende Bedeutung, die Wahrnehmungen, Entdeckungen, auch innere Einsichten mit umfasst. Um diese beiden Begriffe als Brennpunkte kreist die Auferstehungsbotschaft: Er ist auferweckt worden von Gott; das ist die Voraussetzung, und er ist gesehen worden: unserer Wahrnehmung zugänglich; das ist die Folge.
Die meisten Übersetzungen (nicht nur deutsche) verwischen hier die Prägnanz der Wortwahl im griechischen Text; statt des Passivs oder der schwer übersetzbaren medialen Form wählen sie die aktive, statt: Er ist »gesehen worden« oder hat »sich sehen lassen« heißt es nun: »Er ist erschienen.« Das aber ist ein gefährlich missverständliches Wort, das diese Erfahrungen fast zwangsläufig in die Nähe von Geistererscheinungen rückt.
Der Auferstandene ist gesehen worden, sagt die Bibel, allerdings nur von Menschen, die ihm verbunden waren, nie von Unbeteiligten. Der neuzeitliche Bedeutungswandel des Wortes »sehen« erschwert das Verständnis dieser Erfahrungen. Heute gilt das Sehen als eine in der Regel objektivierbare Wahrnehmung, die auch Unbeteiligte anerkennen müssen. Deshalb haben Fotos und Videos, nicht ganz zu recht, eine kaum noch widerlegbare Überzeugungskraft gewonnen. Dagegen sind andere Bedeutungen zurückgedrängt: Sehen kann auch bei uns noch heißen: einsehen, erkennen, begreifen, entdecken, doch gilt das als ein uneigentlicher, eher poetischer Sprachgebrauch.

Die Erzählungen von den Begegnungen mit dem Auferstandenen unterstreichen, dass sie es nicht mit einem Geist zu tun hatten, sondern mit dem Menschen Jesus. Ein Geist ist ein Abstraktum, wesentliche Merkmale des Menschen fehlen ihm, er ist nur noch ein Teil seiner selbst, ein Schatten, nur noch Vorwurf oder Drohung oder Zorn, das macht ihn so unheimlich und ungreifbar. An dem Auferstandenen aber sehen sie nichts Unheimliches; seine Worte können trösten wie eh und je, und an seinen Händen und Füßen erkennen sie, dass er es wirklich ist. Sogar von gemeinsamem Essen mit ihm wird erzählt.
Viele haben den auferstandenen Jesus so lebendig gesehen. Was war das

für ein Sehen? Lukas sieht die Zeit der grundlegenden Begegnungen auf vierzig Tage begrenzt, doch das ist seine Konstruktion: Er will damit die einzigartigen Erfahrungen des Anfangs (entsprechend den vierzig Tagen der Versuchung Lk. 4,2) deutlich genug abheben von den mühsameren Erfahrungen der Späteren, zu denen er realistisch auch schon sich selbst und seine Gemeinde rechnet. Und das hat einen erkennbaren Erfahrungshintergrund: Denn natürlich haben die, die leibhaftig mit Jesus zusammen waren, die in seiner Nähe gelebt hatten, die sein Gesicht kannten wie seine Stimme, seinen Tod anders wahrgenommen, mit allen Sinnen, und so auch die Erfahrung, dass er dennoch lebt – anders jedenfalls als die, denen sie später davon erzählten.

Doch Paulus nimmt noch Jahre danach für sich das gleiche Sehen in Anspruch, die gleiche Intensität der Begegnung, und auch dafür hat er gewichtige Gründe: Sein Osterglaube und seine radikale Theologie sind nicht abhängig von dem, was andere erlebt haben; und Markus schickt auch uns alle am Ende seines Evangeliums auf den Weg in jeweils unser Galiläa mit der Verheißung: Dort werdet ihr ihn sehen! (Mk. 16,7) Und das hat theologisch gute Gründe. Wir sollen unseres Glaubens selbst gewiss werden und nicht von den Erfahrungen anderer abhängig bleiben. Wir sollen ihn selbst sehen. Doch wie soll das geschehen?

Darauf kommt es offensichtlich an: Ein Glaube, der selbst dem Tod trotzt, kann nur bestehen, wenn er seiner selbst in eigenen Wahrnehmungen gewiss wird. Was hilft es mir, wenn mir überliefert wird, damals hätten einige, die ich nicht kenne, von denen ich nur wenig weiß (von den meisten weiß ich kaum etwas), den Auferstandenen gesehen und mit ihm gegessen? Sie lebten in einem völlig anderen Kontext als wir. Möglicherweise verbinden sie damit völlig andere Erfahrungen als ich. Ich muss es selbst erfahren.

Wie wir erwarten können, ihn zu sehen, lässt sich eingrenzen, zunächst theologisch: Gott lässt uns sein Tun und seinen Willen wahrnehmen; der theologische Begriff dafür heißt: Offenbarung. So etwas geschah dem Abraham und Mose, den Propheten und Jesus, den Frauen und Männern, die mit ihm zusammen waren, und danach auch den urchristlichen Gemeinden. Offenbarung heißt immer, dass Menschen etwas entdecken (so sagt es auch das griechische Wort: *apokalypsis* heißt Ent-deckung), dass ihnen plötzlich oder auch allmählich etwas aufgeht, das bisherige Wahrnehmungen und Überzeugungen in Frage stellt oder auch mit Macht durchbricht. Das aber schafft ein neues Bewusstsein, und das muss dann auch anderen gegenüber argumentativ und verständlich vertreten werden.

Gottes Offenbarung kann überwältigen oder auf leisen Schritten kommen, doch sie ist immer offen, auf Einsicht und Verstehen aus, sonst wäre es nicht Offenbarung. Auch eine mich bestürzende, überwältigende

Einsicht bleibt eine Einsicht, die ich anderen öffnen, vermitteln und verständlich machen kann. Was für neue, hoffnungsvolle, belebende Einsichten aber können wir nach dem grauenhaften Sterben Jesu erwarten? Was kann, was soll uns danach offenbar werden?
Ich weiß, ich darf nicht leichthin urteilen über die Erwartungen und Wahrnehmungen des Glaubens anderer, doch ich kann mich auch nicht von anderen fixieren lassen auf Hoffnungen und Wahrnehmungen, die ich als unrealistisch empfinde. Der Glaube kann – zumal in bedrängter Situation – zuweilen so unter die Herrschaft von emotionalen Zwangsvorstellungen geraten, dass er den Bezug zur Wirklichkeit verliert.
Die Geister zu unterscheiden (1Kor. 12,10) ist hier nicht immer leicht. Denn die so genannten realen Verhältnisse können sich, wie wir es auf vielen Feldern gegenwärtig erleben, zu solcher Absurdität entwickeln, dass uns die einfache Hoffnung Jesu ihnen gegenüber als völlig wirklichkeitsfern erscheint. Doch wir haben Anlass, wachsam zu sein gegen zwanghafte Wahnvorstellungen, die sich geben, als kämen sie aus starkem Glauben.
Am Anfang der Apostelgeschichte wird es den Jüngern verwiesen, noch weiter in den Himmel zu starren (Apg. 1,11). Doch auch wenn die Medien morgen irgendwo auf der Straße einen Menschen fänden, der aussieht und redet wie Jesus, nähmen wir das mit gutem Grund nicht als Offenbarung des auferstandenen Jesus, sondern als ein Zeichen geistiger Verwirrung oder Verführung. Wir können sicher sein, dass Gott andere, ihm gemäße Weisen findet, mit uns zu reden.
Was zu sehen ich erwarten soll, lässt sich aber auch emotional genauer eingrenzen: Die biblischen Zeugen schildern es als ein neues Licht der Hoffnung, in dessen Schein sich alles verwandelt. Nach einem solchen Zeichen, nach einem solchen Licht sehne ich mich, auch wenn es mich überwältigte. Warum finden wir es nicht? Hat sich Gott von unserer Erde distanziert, oder schweigt er, wie der Papst es formuliert hat, verständlicherweise »angewidert« von dem Tun der Menschen?
Soll ich bescheidener sein, so müsste ich doch jedenfalls dies erwarten, mehr von der Überzeugungskraft der Hoffnung Jesu in der Politik wiederzufinden, so dass alle Mächtigen, »alle Könige auf Erden … hören das Wort deines Mundes und singen von den Wegen des Herrn« (Ps. 138,4). Aber auch davon finde ich zu wenig, um mir neue Hoffnung zu vermitteln. Oder sollte ich ganz woanders suchen, in den Netzwerken des Widerstandes oder in den Hoffnungen der Armen?
Ausschau halten sollen wir, nicht in den Himmel starrend, sondern hier auf der Erde. Er lebt, Gott hat ihn auferweckt, und wir sollen ihn sehen. Wo sollen wir ihn suchen? Ich glaube schon, dass er in den Basisgemeinden der Landlosen in Brasilien und in ihren Protesten zu sehen war, oder auch in der Arbeit der Wahrheits- und Versöhnungskommissionen

in Südafrika. Nur: Wir sollen nicht ausweichen, in *unserem* Galiläa sollen wir ihn finden. Doch wir nehmen hier nichts wahr, vielleicht sind wir schon halb blind oder zu kurzsichtig oder zu ahnungslos für das, worauf es ankommt.
Wir wissen: Wir könnten überhaupt nichts wahrnehmen ohne vorgegebene Kategorien, Vor-Bilder, Wahrnehmungsmuster, die uns helfen, in dem Chaos der Eindrücke überhaupt etwas zu erkennen, und gerade Hoffnung braucht Bilder und Träume als Hoffnungsmuster. Und als solche Hoffnungsmuster auch für uns in unserem Galiläa erzählen uns die Evangelisten ihre Ostergeschichten.

Da sind die Frauen, wie betäubt in auswegloser Trauer, die sich hilflos und ratlos mit heilenden Salben zu dem längst verschlossenen Grab aufmachen, und ihnen geht neu die Sonne auf: Das Grab ist offen, der riesige Stein abgewälzt. Da sind die beiden Jünger, wie sie meinen, allein mit ihrer Klage unterwegs, und erst nachher begreifen sie, wie ihr Herz brannte (Lk. 24,32), weil Jesus schon längst mit ihnen auf dem Weg war. Und da sind noch mehr Geschichten von Ostererfahrungen, von den Evangelisten mitten in ihre Evangelien hineingeschrieben: Wie er, mitten im Ansturm der tobenden Fluten, auferweckt und auferstanden, die Angst vor dem Untergang bändigt, und es wird »ganz still« (Mt. 8,26); oder wie er die vielen, die so wie einst das Volk Israel aufgebrochen sind in die Wüste, in seine Obhut nimmt, »wie Schafe, die keinen Hirten haben« (Mk. 6,34), und ihren Hunger stillt mit nur wenig Brot, das er selbst ihnen bricht. So erfahren sie immer wieder leibhaftig seine Nähe und dass er lebt, vor allem dort, wo sie gemeinsam »das Brot brechen«.
Zuletzt aber, im Johannesevangelium, wird das zuvor so pointiert verheißene Selbst-Sehen doch noch relativiert. Da ist Thomas, der den anderen nicht glauben will, bis er selbst ihn gesehen und seinen Finger in die Wunden gelegt hat (Joh. 20,25). Und Jesus kommt und erfüllt seine Forderung und lässt sich sehen und lässt ihn seine Wunden fühlen. Da begreift auch Thomas und wird der neuen Hoffnung gewiss. Doch dann wird ihm und uns gesagt: Weil du gesehen und gespürt hast, glaubst du? Selig sind, die nicht sehen und doch glauben!
Nichts zeigt uns so deutlich wie diese Geschichte die Wendungen, die der Osterglaube auf seinem weiten Weg von den Augenzeugen des Sterbens Jesu bis hin zu den Nachgeborenen genommen hat, um seiner selbst gewiss zu werden:
Die zweite Generation muss sich aus der Abhängigkeit von dem Anspruch der Augenzeugen befreien und pocht mit Leidenschaft auf ihr authentisches eigenes Sehen. Dazu gehören Paulus und Markus mit ihren unterschiedlichen Leserinnen und Lesern. Dann aber, je deutlicher sich zeigt, wie getrübt und verschleiert die eigene Wahrnehmung in dieser be-

drängenden aggressiven Wirklichkeit sein kann, wird die Rückkehr zu dem ursprünglichen härtesten Kern unabdingbar: Es ist der Glaube, der sich an die Ursprungserfahrungen mit dem Gott der Bibel hält, dessen Name sagt: Ich bin da. Es ist gut zu glauben, weil ich selbst gesehen habe, und mich nicht abhängig zu machen von anderen; doch ist der Glaube auch nicht abhängig von diesem Sehen. Einfacher gesagt: Der Glaube, dass Gott Jesus nicht im Tode gelassen hat sondern ihn auferweckt hat, wächst am Ende nicht aus dem Sehen, sondern hat seinen Grund in dem einfachen Vertrauen auf die Verheißung des »Ich bin da«.
Zuletzt sind sich alle Evangelien auch noch in einer anderen Erfahrung einig: Jesus lässt sich sehen und hören, er holt sie aus ihrer Angst und lässt sie nicht hungrig, doch er lässt sich nicht mehr von ihnen festhalten. Maria Magdalena, die weinend am Grabe stand und ihn nun auf einmal erkennt, will ihn umarmen, doch er sagt (wenn ich den griechischen Text Joh 20,17 genauer übersetze): Halte mich nicht fest.
Er kehrt nicht zurück in die Gemeinschaft, die sie zuvor hatten, sondern die Gemeinschaft mit ihm ist jetzt anders. Sie ist leibhaftig wie zuvor, im Hören auf das gesprochene Wort und im gemeinsamen Essen und Trinken, er ist der gleiche wie zuvor, die Spuren der Nägel an seinen Händen und Füßen sind geblieben, und doch ist alles anders, alles verwandelt. Das steht in den nun folgenden Worten:

2.10 aufgefahren in den Himmel

Satz für Satz, Wort für Wort: Immer nachdrücklicher macht das Bekenntnis den Mächtigen ihren Herrschaftsanspruch streitig. Nicht einmal den Himmel, in den sie sich so gern von den Medien der Massen erheben ließen, können sie noch für sich reklamieren. Überallhin verfolgt sie die unbequeme Nachbarschaft des Gekreuzigten.
Zunächst denken wir an Analogien in den Heiligen Schriften: So sollen Elia oder Mohammed in den Himmel gefahren sein, auf feurigen Rossen, hier nicht mehr greifbar, von Gott heimgeholt, dem trübseligen Trauerzeremoniell ihrer Anhänger entrissen. So ist auch Jesus jetzt, nach den ersten Tagen beglückender neuer Gemeinschaft (bei Lukas sind es vierzig, eine heilige Zahl) ihnen wieder entzogen. Die Erfahrung seiner Gegenwart bleibt ihnen, doch ist sie seltener geworden, schwerer zu finden, nicht mehr von jener überwältigenden Eindeutigkeit. So ist es jedenfalls die Erfahrung der nächsten Generation, zu der auch Lukas gehört. Er steht da wohl selbst am Anfang seiner Apostelgeschichte mit den betrübten Jüngern, allein gelassen, und starrt sehnsüchtig in den Himmel. Doch das wird ihnen verwiesen: Sie sollen jetzt an die Arbeit gehen und die Hoffnung Jesu hinaustragen in alle Welt.

Im Johannesevangelium wird dieser Einschnitt markiert durch das Wort des Auferstandenen an Maria, die ihn am Grabe noch unter Tränen umarmen will: Du wirst mich nun woanders suchen, sagt er ihr, denn ich gehe zum Vater. Du kannst mich nicht festhalten: Das ist die Botschaft an alle, die ihm so nah und vertraut waren. Es lässt sich nicht leugnen: Er kehrt mit der Auferstehung nicht wieder zurück in ihre Gemeinschaft wie vorher; er ist ein anderer geworden.
Für die Generation, die unser Bekenntnis formuliert hat, ist das ohnehin evident: Er ist nicht mehr der von Erschöpfung und Hunger heimgesuchte Menschensohn; jetzt ist er der, dem hunderttausend Zungen das Halleluja anstimmen und dem sich – so will es Gott – alle Knie beugen sollen. So singt es ein alter Hymnus, den Paulus zitiert:

> Darum hat ihn auch Gott erhöht
> und hat ihm einen Namen gegeben, der über alle Namen ist,
> dass in dem Namen Jesu sich beugen sollen aller derer Knie,
> die im Himmel und auf Erden und unter der Erde sind
> und aller Zungen bekennen sollen,
> dass Jesus Christus der Herr sei –
> zur Ehre Gottes des Vaters! (Phil. 2,9–11)

Doch das Wort Himmel wird heute nicht mehr nur mit Gott, mit Licht und »Freiheit grenzenlos« verbunden, sondern auch mit ganz anderen Erfahrungen: Für uns ist der Himmel angefressen durch das Ozonloch, geschwärzt von den Rauchwolken der Gaskammern, der Kriege und der brennenden Ölfelder, usurpiert von unwürdigen Götterfiguren und von menschenverachtenden star-war-Spielen, von dem verschwenderischen Größenwahn der Raumfahrt und ihren Katastrophen. Und wenn ich die Einsichten der Naturwissenschaft ernst nehme, dann ist der Himmel zuletzt nichts als abweisende Unendlichkeit und tödliche Kälte.
Das ist auch in der Welt des Neuen Testaments und in der, in die das Apostolikum hineingeht, nicht wesentlich anders: Schon in der spätantiken Gesellschaft sind für viele die undurchdringlichen Himmelssphären nur das Siegel auf die hoffnungslose Gefangenschaft und Verlorenheit des Menschen auf der Erde; und am Ende des Neuen Testaments wird deutlich: Die Erde bedarf auch eines neuen Himmels (Offb. 21,1).
Ich habe ein Bild der zu früh aus dem Leben geschiedenen Siegener Künstlerin Ina Mihalyhegyi-Witthaut, das den Gekreuzigten zeigt, wie er mit ungeheurer Kraftanstrengung den undurchdringlich scheinenden Himmel aufbricht; seine Arme, hochgereckt, verwandeln sich dabei in ein Siegeszeichen. Es ist ein Bild der Befreiung: Mit seinem Sterben hat er auch unsere tödliche Gefangenschaft unter diesem Himmel durchbrochen.

In diesem alten und modernen Kontext sagt das Bekenntnis: Wie die Pforten der Hölle und des Todes hat er auch das Gefängnis dieser Himmel aufgesprengt und uns freigemacht von der erbarmungslos kalten Herrschaft der Sterne, so dass wir nun endlich – jenseits aller Himmel – Gott im Angesicht Jesu neu wahrnehmen und erkennen können. Dort ist er jetzt zu finden.

2.11 er sitzt zur Rechten Gottes des allmächtigen Vaters

Mit immer mehr Nachdruck wird der Herrschaftsanspruch der Mächtigen als Anmaßung enthüllt. Wir sollen lernen, unsere Hoffnung dagegen nicht zu zaghaft, nicht zu klein zu formulieren.

Das Wort »sitzen« spricht hier nicht von Ruhe; Gott hat ihn zu seiner Rechten eingesetzt, um damit der Welt ein neues Gesicht zu geben. Das ist sein Durchbruch: Er lebt, nun in ganz neuen Dimensionen. Die mächtigen Führer der stärksten Völker agieren noch immer so, als säßen sie zur Rechten Gottes. Im Namen Gottes treiben sie die Konflikte in eine heillose Eskalation.

Gegen solche Allmachtsphantasien hilft keine Mythologie, sondern nur die schroffe Antithese: Gerade diesen Menschen Jesus, den die Mächtigen mit all ihrer Macht zugrunde richten wollten, hat Gott, der Eine und Einzige, dazu bestimmt, dass er an seiner Seite, als seine rechte Hand, die Geschichte weiterschreibt.

Fortan können nicht mehr diese selbsternannten Götter, die aufgeblähten Inhaber angemaßter Macht, beanspruchen, die Spuren Gottes in die Geschichte einzuzeichnen. Im Fortgang der Weltgeschichte sollen wir die Züge des Menschen Jesus wiedererkennen können, seine ansteckend gewaltlose Hoffnung, sein friedfertiges Werben um die Herzen der Menschen, seine umfassende Liebe, seine Zuwendung zu den Armen. Die Welt- und Sozialgeschichte hat von nun an ein anderes Gesicht. Es ist nicht mehr das des weltbeherrschenden göttlichen Kaisers, sondern das des Menschen Jesus aus Nazareth, den die Mächtigen im Namen des Kaisers ermordet haben.

Und so soll von nun an in der Weltgeschichte seine Handschrift erkennbar sein. Wir haben noch Schwierigkeiten, sie zu erkennen; doch sollen wir sie ja nicht in den Taten der gewalttätigen Sieger suchen (wie es seit Konstantin in der Christentumsgeschichte immer wieder geschehen ist); das wahre Gesicht der leidenden und hoffenden Menschheit erscheint uns deutlicher in den Gesichtern der Opfer, die wir nicht vergessen; und aus ihrem Leiden wächst neu die Hoffnung auf Veränderung. Die wird nicht die Schlagzeilen bestimmen, nicht das merkwürdige, aus Sensationen und Belanglosigkeiten gemischte Konstrukt der Medien, das sie uns täglich verkaufen, als sei es die Wirklichkeit. Die wahre Wirklichkeit trägt seine Züge.

Es ist wahrhaftig ein ungeheuer anspruchsvoller Satz: Er ist von nun an Gottes rechte Hand, mit der er regiert, seinen Willen durchsetzt, und dies nicht mehr verborgen, sondern zunehmend offenbar. Die gegenwärtige Undurchsichtigkeit und Finsternis der Geschichte wird damit nicht bestritten. Doch Gottes rechte Hand, seinen eigentlichen Willen erkennen wir nicht an der Gewalt der Ereignisse, nicht im Sturm, im Erdbeben oder im Feuer (1. Kön. 19,11f), sondern an der Handschrift Jesu: dort, wo seine gewaltlose Hoffnung Boden gewinnt.

Und jetzt, mit Jesus neben ihm, wird Gott noch einmal als der allmächtige Vater angesprochen, wie am Anfang, doch in einer umgekehrten Folge der Worte: Jetzt steht die Allmacht voran. Das lässt die veränderte Frontstellung erkennen: In denkbar scharfem Kontrast zu den in ihrem Allmachtswahn schwelgenden Mächtigen wird hier erinnert, wem allein Allmacht eignet: dem Schöpfer der Welt, vor dem auch all die vom Machtrausch besessenen Völker, die anderen Furcht und Schrecken einjagen, nicht mehr sind als ein Tropfen im Eimer (Jes. 40,15).

So ist das Wort Allmacht hier gar nicht mehr misszuverstehen. Dietrich Bonhoeffers Einspruch gegen die alten überkommenen Allmachtsvorstellungen ist an dem Weg Jesu orientiert: »Gott läßt sich aus der Welt herausdrängen ans Kreuz, Gott ist ohnmächtig und schwach in der Welt und gerade und nur so ist er bei uns und hilft uns … Hier liegt der entscheidende Unterschied … Die Bibel weist den Menschen an die Ohnmacht und das Leiden Gottes; nur der leidende Gott kann helfen« (WE 394).

Auch die jüdische Überlieferung weiß von dem Leiden Gottes und von seinen Tränen zu erzählen, die auf die Erde herabfallen, tröstend oder mahnend. André Schwarz-Barts große Erzählung »Der letzte der Gerechten« schließt mit einer solchen Erfahrung des Erzählers: »Als ich gestern, am Boden festgewachsen, mitten auf der Straße vor Verzweiflung erbebte, fiel von oben ein Tropfen Mitleid auf mein Gesicht herab; aber da war kein Hauch in der Luft, keine Wolke am Himmel … da war nur eine Gegenwart« (a.a.O., S. 397). Wie könnten wir anders bei dieser Übermacht des Leidens in der Welt noch von Gottes Gegenwart reden?

»Nur der leidende Gott kann helfen« (WE 394): Nur gewaltlos, geduldig, leidend kann Gott helfen, nur so ist das Reden von Gott noch glaubwürdig, doch so hilft und verändert und erlöst er wirklich. Gott kann es sich leisten, hinausgedrängt, verspottet und gekreuzigt zu werden, das erweist die Folgegeschichte: Gerade so überwindet er Herzen.

In den letzten Worten des Auferstandenen im Matthäusevangelium steht: »Mir ist gegeben alle Gewalt im Himmel und auf Erden« (Mt 28,18). Die Wirkung dieses Satzes entschied sich in der Geschichte jeweils an der Betonung. Wo das »alle Gewalt« betont wurde, erwuchs daraus die furchtbare und uns bis heute tief beschämende Geschichte christlicher Gewaltausübung. Doch nun liegt auf dem »Mir« das Gewicht, und das fordert ein Umlernen: dass wir endlich begreifen, wie sich in seinen Händen alle Gewalt verwandelt. Das Wort »Gewalt« heißt im Urtext *exousia*, Vollmacht; und so lernen wir zu unterscheiden zwischen angemaßter Gewalt und der Vollmacht, die über den Menschen und der Schöpfung endlich Gerechtigkeit walten lässt.

Bonhoeffer hat in den Fragmenten seiner »Ethik« alles verantwortliche Handeln unter das Kriterium der »Wirklichkeitsgemäßheit« gestellt (S. 222ff). Er sieht die Missverständlichkeit dieses Begriffs und grenzt ihn zunächst ab gegen die von Nietzsche treffend so bezeichnete »servile Gesinnung vor dem Faktum«, aber auch gegen die Vergewaltigung der Wirklichkeit »im Namen irgendeiner idealen Wirklichkeit. ... Beide Extreme sind von dem Wesentlichen gleich weit entfernt« (ebda.).

Ein Tun, das Gutes bewirken will, muss der gegebenen Wirklichkeit Rechnung tragen, sonst hat es keine Verheißung. Diese von Gott gegebene Wirklichkeit aber ist nicht an den Fakten zu begreifen, sondern nur mehr an Jesus Christus. »Die Wirklichkeit ohne jenes göttliche Handeln in ihr und an ihr verstehen zu wollen, bedeutet in einer Abstraktion leben, an ihr vorbeileben« (ebda.).

So ist die Frage, an welcher Wirklichkeit wir uns orientieren: an der scheinbar unwiderstehlichen Macht der Gewalttäter und ihrer Machtmittel oder an der gewaltlos ausgeübten Vollmacht des Gekreuzigten, der Menschen durch sein Leiden und seine Redlichkeit überwindet. Ihm, so sagt das Bekenntnis, überlässt Gott das letzte Wort über unsere Welt:

2.12 von dort wird er kommen, zu richten die Lebenden und die Toten

»Lasst eure Lenden umgürtet sein und eure Lichter brennen. Seid gleich den Menschen, die auf ihren Herrn warten« (Lk 12,35f) – so wie wir das Licht brennen lassen, wenn wir auf jemanden warten, auf Kinder vielleicht, die noch spät unterwegs sind. Selbst wenn ich einschlafe, sollen sie doch wissen, dass sie erwartet sind, dass ich nicht so tief schlafe, sondern ihr Kommen herbeisehne – oder herbeisorge. Ich warte gespannt auf einen Ruf oder ein Zeichen an der Tür. Nach dem Krieg zeigten Kerzen in den Fenstern, dass sie hier noch warteten auf die Heimkehr ihrer Gefangenen oder Verschollenen. So sollen wir unsere Lichter brennen lassen und auf ihn warten in dieser politisch so finsteren Lage der Menschheit.

Hoffen heißt: Nicht nur träumen von einer schönen neuen Welt, die ir-

gendwann im Schlaf über uns kommt. Die alten Lieder sagen viel mehr: Wir müssen ihm entgegen gehn! Er soll uns nicht schlafend finden. Es heißt, das alte Bild vom Wiederkommen sei überholt, eine Vorstellung noch des mittelalterlichen Weltbildes. Aber wie beredt sind diese Zeichen der Erwartung: die Lichter brennen lassen, aufbrechen, ihm entgegengehen. Die Erwartung, wir könnten wie gewohnt einschlafen und unversehens in einer anderen Welt aufwachen, ist kindisch.
Das Bekenntnis fasst unsere Hoffnung für die Welt in diesen einen Satz: Er wird kommen, von Gott her, dem allmächtigen Vater. Und wie genau redet dieser Satz, wie viel schärfer als die vielen vagen selbstsüchtigen Hoffnungen, die im Umlauf sind: Er wird so wiederkommen, wie es seinem Leben entspricht, nicht tückisch wie ein Raumschiff von Außerirdischen und auch nicht gewalttätig wie ein Atomblitz, sondern so, wie es in dem Prophetenwort steht:

> Siehe, dein König kommt zu dir,
> ein Gerechter und ein Helfer
> sanftmütig (Mt. 21,5; Sach. 9,9)

Aus der Zeitung ausgeschnitten, sieht mich immer wieder das Bild eines fast verhungerten kleinen Mädchens an, fünf Jahre alt, aus Liberia in Afrika, Opfer sinnloser Kriege. Wenn wir da sagen könnten: Sieh doch, jetzt kommt er, der anders regiert, selbst arm, ein Gerechter und ein Helfer!
Und so, mit einem Satz der Sehnsucht, des Hungers, der Tränen, redet das Bekenntnis von unserer Hoffnung. Die lebt nicht aus einem überholten Weltbild, sondern aus der Leidenschaft, die im Angesicht unsäglichen Elends nach Abhilfe schreit. Sie hat es schwer, dafür überhaupt noch Worte und Bilder zu finden. Ist das denn überholt? Gibt es ein tröstlicheres Bild als das von dem Armen und Sanftmütigen, der endlich kommt und nun gerecht regieren wird?
Und das Bekenntnis nimmt den Propheten genau beim Wort: Wo Luther übersetzt »ein Helfer«, spricht der Prophet im Passiv (Sach. 12,9), von dem einen, dem geholfen wird, von Gott. »Von dort wird er kommen« – das nötigt uns, alle spektakulären oder skurrilen Ausmalungen hinter uns zu lassen und alles auf die eine entscheidende Frage zu konzentrieren, was denn von Gott da auf uns zukommt, vielleicht schon bald.
Nur: Wenn er so gewaltlos wiederkommt auf diese Erde, die den Sanftmütigen gehören soll, braucht er Leute, die ihn erwarten und ihm entgegengehen. Wir hoffen ja nicht auf den großen Schlag, wir hoffen auf die Verwandlung der Erde und der Menschen. Was wäre das für eine Wiederkehr, wenn er die Menschen betrunken von ihren Geldgeschäften fände, und auch uns – schlafend!

Er kommt, zu richten die Lebenden und die Toten: Wieder rückt die biblische Semantik alles in eine anderes Licht. Wie bedrohlich hat die Kunst und wie gern haben auch oft die Christen Christus im Bild des unausweichlich drohenden Gerichts gezeichnet, und wie hat sich das im Umgang mit der Bibel niedergeschlagen, etwa auch im Umgang mit der Bergpredigt. Biblisch aber bedeutet »richten« vor allem anderen eines: Gerechtigkeit wiederherstellen.

Menschen ihr Recht zu verschaffen, die sich selbst nicht mehr helfen können, die unterzugehen drohen: Das ist in der Bibel eigentlich die Aufgabe des Richters. Dazu wird er wiederkommen – nicht nur für die dann Lebenden, sondern dann auch für die Toten, die von Diktatoren Beseitigten, die Verschwundenen, Vergessenen, Verbrannten, die unheilbar Traumatisierten, auch für die Kinder, deren Leben abgebrochen wurde. Das gehört zu seiner Gerechtigkeit, auf die wir hoffen.

3 Der Dritte Artikel

Der Dritte Artikel ist nicht das letzte Stück, das zur Abrundung des Glaubens noch fehlt. Das Bekenntnis schließt auch hier nicht ab, sondern öffnet – den Zugang zu einem weiten Feld neuer Erfahrung: Jetzt geht es um die Frage, wovon denn ich eigentlich lebe.

3.1 und an den Heiligen Geist

3.1.1 Fremdworte

Heilig und Geist – zwei Fremdworte, Worte wie aus einer anderen Welt. Kinder, nach ihren Gedanken zum Wort »heilig« befragt, denken zunächst an Scheinheiligkeit, zumindest an ostentativ und angestrengt zur Schau getragene Frömmigkeit. Das Wort »Geist« entführt ihre Gedanken in eine Welt gespenstischer Unwesen. Hören wir uns um, so werden wir nicht viel mehr dazu erfahren. Die Worte sind aus unserem Denken verschwunden.

Oder doch nicht ganz? Auf einmal ist das Wort »heilig« wieder da, als ein Wort der Protestbewegung, sogar gesungen mit einer beschwörenden Leidenschaft, ein Hymnus der Basisgruppen, die an dem großen Projekt »Gerechtigkeit, Frieden und Bewahrung der Schöpfung« arbeiten: »Jeder Teil dieser Erde ist meinem Volk heilig!«

Gewiss, das ist ein ökumenisches Projekt, im Raum der Kirchen entsprungen, doch hier muss niemand mehr erklären, was »heilig« heißt. Alle haben es begriffen, dass es mit der Zukunft der Erde zu tun hat, eine Lebensfrage der Menschheit. Sie begreifen es im Widerspruch zu denen, denen nichts mehr heilig ist.

Was sollte ihnen heilig sein? Jedenfalls die Quellen, aus denen wir leben, die Geheimnisse des Lebens, die wir nicht selbst gemacht haben, auch nicht machen können, nur zerstören. Deshalb sprach Albert Schweitzer, der Urwalddoktor, von der »Ehrfurcht vor dem Leben« als dem Kern aller Ethik. Er ging dorthin als lebendiges Gegenbeispiel zu der Achtlosigkeit, mit der die weißen Kolonialherren mit dem Leben umgegangen waren. In unserer Erinnerung lebt er als ein Heiliger.

So haben wir mit Heiligem doch wieder auf Schritt und Tritt zu tun. Im Grundgesetz wird die Würde des Menschen als »unantastbar« erklärt, und das ist offenbar nur ein anderes Wort für »heilig«. Doch ist es ein nicht ganz zutreffendes Wort, denn angetastet wird die Menschenwürde unter uns ständig. Das Wort »heilig« ist da genauer; es sagt: Das darf nicht angetastet werden. Aber vielleicht ist es gut, wenn das Wort »heilig« noch eine Schonfrist hat, die es vor dem völligen Verschleiß bewahrt. Doch wo es jetzt auftaucht, lässt er uns aufhorchen.

Und was ist mir heilig? Alles, was mir heilig ist, hat mit dem Leben zu tun, mit Begegnungen und Erinnerungen, mit Leid und Trauer und großem Glück, mit Erfahrungen von Liebe, Hingabe und Vertrauen und mit dem unerschöpflich großen Wunder der Schöpfung und ihrer Schönheit. Wer das antastet, verletzt mich tief. Das Heilige muss nicht theologisch definiert werden, es ist einfach eine Erfahrung. Wir müssen es auch nicht als faszinosum und tremendum aufladen. Es meldet sich zu Wort, wo wir innehalten und vor dem Geheimnis des Lebens erstaunen.

Die großen Weltreligionen konnten sich darüber verständigen: Es geht ihnen allen um die »Bewahrung der heiligen Gabe des Lebens«. Das Leben ist das Erstaunlichste von allem. Ich bin in dieses Netz eingebunden, mit jedem Atemzug habe ich Anteil daran, doch ich habe es nicht geschaffen, es war längst vor mir da und ist selbstverständlich um mich, lebensnotwendig und schön zugleich, heimatlich und tröstlich. Dass uns die Suggestion der Medien gern zu einem ganz anderen Staunen verführen will: zu dem Staunen darüber, was der Mensch alles zustande bringt, über die »Wunder der Technik« bis zur »Eroberung« des Weltraumes, ist nur die Flucht vor dem wahren Staunen, das unser Leben verändern und unermesslich bereichern könnte.

Mit dem Wort »heilig« wird gesagt, dass ich in meinen Erfahrungen noch etwas anderes wahrnehme als das Gewohnte. In, mit und unter dem Alltäglichen begegnet mir eine andere Wirklichkeit. Diese Erfahrung ist schwer in Worte zu fassen und auch schwer vor Missdeutungen zu schützen. Die Wendung »in, mit und unter« hat Luther im Streit um das Verständnis des Abendmahls gefunden und wollte sie streng darauf beschränken. Doch diese Wahrnehmung lässt sich nicht eingrenzen.

3.1.2 Ein neuer Geist

Schwerer haben wir es mit dem Wort »Geist«. Anderthalb Jahrhunderte lang war es in der »Geistesgeschichte« Brennpunkt und Motor tiefgreifender Auseinandersetzungen; doch das liegt lange zurück. In unserer Sprache fristet es nur noch am Rande oder in groben Entstellungen sein Dasein. Dass Pfarrer als »Geistliche« bezeichnet werden, ist ebenso unverständlich geworden wie die Erwähnung der »geistlich Armen« in den Seligpreisungen der Bergpredigt (Mt. 5,3).

Das mag vor allem durch den pathetischen Missbrauch im vergangenen Jahrhundert verursacht sein. Nach dem Höhenflug im deutschen Idealismus wurde es in die Niederungen der nationalen Propaganda gezogen:

Der »Deutsche Geist« sollte sich gegen den von überallher andringenden »Ungeist« (etwa in der ›entarteten‹ Kunst eines Ernst Barlach) wehren. So kann ein unersetzliches Wort für Generationen unbrauchbar werden.
Doch die Ratlosigkeit im Umgang mit diesem Wort ist wohl noch tiefer begründet. Es fällt uns schwer, die Selbstverständlichkeit zu verstehen, in der die ersten Gemeinden der Christen für sich die Gegenwart des Geistes in Anspruch nahmen. Von »Geistesgegenwart« sprechen wir wohl auch noch, wenn jemand eine Situation blitzschnell begreift und entsprechend handelt. Aber es war nicht Schnelligkeit, worauf die ersten Gemeinden ihr Selbstbewusstsein gründeten.
Dem biblischen Sinn kommen wir näher, wenn wir an einen »neuen Geist« denken oder an »Begeisterung«. »Wo ein Begeisterter steht, ist der Gipfel der Welt«, schrieb Eichendorff. Und tatsächlich ist es die Erfahrung einer tragenden Begeisterung, die alle Gemeinden der frühchristlichen Zeit miteinander teilen: Sie wissen sich im Aufbruch, einer neuen Welt entgegengehend, von einem neuen Geist belebt. Dieser Geist ist es, der unter ihnen eine erstaunlich lebendige Gemeinschaft schafft. Darin unterscheiden sie sich von der ratlosen Resignation und tristesse der sie umgebenden Gesellschaft, und das begründet auch die Attraktivität, die sie plötzlich in dieser Gesellschaft gewinnen.
Nun ist unsere Gesellschaft darin der spätantiken sehr ähnlich, dass sie fast schon süchtig nach Erfahrungen der Begeisterung sucht. Begeisterung ist so sehr rasch zur kommerziell genutzten Ware geworden, von Entertainern aufgeschäumt, aber immer auch vom Publikum eingefordert. Ein »begeistertes Publikum« gilt als unzweifelhaftes Gütesiegel selbst für Veranstaltungen, deren Geistlosigkeit kaum noch zu überbieten ist.
Gespenstisch stellt sich in meiner Erinnerung eine Erfahrung aus meiner Kindheit dar: Ich stand in einer riesigen Menschenmenge, die vor der Reichskanzlei in Berlin auf das Erscheinen Hitlers hoffte, auf dem Balkon oder zumindest am Fenster, und diese Menge ganz normaler und friedfertig wirkender Erwachsener brach immer wieder begeistert in den kindischen Ruf aus: Lieber Führer, bitte, bitte, lenk auf den Balkon die Schritte! Schon der Gedanke an diese Szene jagt mir heute noch Schrecken ein, und das Erschrecken wird zum Grauen, wenn ich daran denke, was aus dieser Begeisterung wurde – und aus den Menschen, die da so hingerissen jubelten.
Die Bibel hat recht: Es gibt vielerlei Geister und Begeisterungen, und es ist lebensnotwendig, sie zu unterscheiden (1Kor 12,10). Es gibt Begeisterungen, die süchtig machen, darunter auch solche, die tödlich sind oder mörderisch. Die ersten christlichen, besonders aber die jüdischen Gemeinden sind immer wieder selbst zum Opfer solcher enthusiastischen Aggressionen geworden.

Gibt es dagegen nicht aber auch eine Begeisterung, die den Menschen erst richtig zum Menschen macht: frei von dem ständigen Kreisen um sich selbst und bereit, über sich selbst hinauszugehen, im Vertrauen, in Hoffnung und Liebe? Die urchristlichen Gemeinden waren sich einig, dass gerade diese sie verband.

Glaube, Hoffnung und Liebe bleiben, sagt Paulus, auch dann noch, wenn wir mit aller schönen Selbstdarstellung am Ende sind. Sie finden sich nur dort, wo Menschen über sich hinausgehen, selbstvergessen. Deshalb wohl hält Paulus die Liebe für die größte unter diesen drei Gaben des neuen Geistes (1Kor. 13,13). Es ist erstaunlich, dass Menschen dazu fähig sind.

Dass das Wort Liebe in einer großstädtischen Gesellschaft, zumal in einer Hafenstadt, auch mit ganz anderen Erfahrungen verbunden werden kann, weiß Paulus so gut wie wir. Er kennt auch jene Liebe, die (nach einer Formulierung von Rainer Werner Fassbinder) »kälter ist als der Tod«. Deren deprimierenden Sog versucht Paulus in seinem berühmten 13. Kapitel des Ersten Korintherbriefs zu durchbrechen, in dem er daran erinnert, wie wahrhaftige Liebe ist: langmütig und freundlich, nicht eifersüchtig, nicht aufgebläht; sie sucht nicht das Ihre, sie lässt sich nicht erbittern, sie rechnet das Böse nicht nach. Diese Liebe aber wird als etwas Neues erfahren, als die befreiende Wirkung eines neuen Geistes.

Solcher Art sind die Erfahrungen, in denen die Christen der ersten Generationen das Wirken des Geistes wahrnehmen. Sie leben »im Geist« (Röm. 8,9), befreit zur Liebe, getragen von einer neuen Hoffnung. Paulus spricht meist einfach ohne Attribut von »dem Geist«, doch er bekommt auch Namen: Es ist der Geist Gottes, der Geist des Lebens, der Geist Jesu, der Geist der Sanftmut, der Geist, der lebendig macht, der Geist der Heiligung. Eine Fülle von Erfahrungen ist gegenwärtig, wenn vom »Heiligen Geist« gesprochen wird.

Ich glaube an den Heiligen Geist – das heißt zunächst: Ich vertraue auf den Heiligen Geist, der Menschen verwandeln und erneuern kann. Ich glaube, dass Menschen nicht zwangsläufig in alten Denkmustern und Vorurteilen gefangen bleiben; »Zwangsläufigkeit ist eine atheistische Kategorie«, hat Gustav Heinemann gesagt. So glaube ich trotz allem an die Möglichkeit einer selbstvergessenen Liebe, an ehrliches Engagement, redliche Hingabe, offene Begegnungen, ohne unheilige Hintergedanken. Ich glaube daran trotz aller Erfahrungen mit menschlicher Verschlagenheit und unüberwindlich scheinendem Egoismus – auch bei mir selbst.

Ich glaube, dass Menschen aus anderen als selbstsüchtigen Motiven reden und handeln können, auch in der öffentlichen Auseinandersetzung, dass auch in der Politik redliche Überzeugung Raum hat und nicht nur selbstgefällige Eitelkeit. Ich glaube, dass auch eine Gesellschaft befreit werden kann von ängstlichem Egoismus, von menschenfeindlichen Vor-

urteilen und blinder Gewaltbereitschaft, von der Faszination militärischer Stärke, aber auch aus tiefer Resignation. Wenn wir daran nicht mehr glauben – woher sonst könnten wir noch Hoffnung haben?
Ja: Wodurch soll sich etwas verändern auf dieser Erde wenn nicht dadurch, dass Menschen, auch die Mächtigen, auch die Vermögenden, ergriffen und verändert werden von einem neuen Geist? Argumente sind dadurch nicht überflüssig, für mehr Gerechtigkeit und für notwendige Schritte zum Frieden, doch wie sollen sie Gehör finden, wenn nicht ein neuer Geist den Menschen die Ohren öffnet?
Wer einmal Basisarbeit getan hat, weiß sehr genau, wie schwer es oft die einfachsten Argumente der Menschlichkeit haben, Boden zu gewinnen, etwa gegen ökologische Gleichgültigkeit oder gegen tief eingewurzelte Fremdenfeindlichkeit, gegen die Macht der Angst und die Suggestion der Gewalt. Gäbe es da nicht die Erfahrung, dass Menschen allen Vorurteilen zum Trotz die Dinge neu und anders zu sehen und zu begreifen beginnen, weil sie ergriffen sind von einem neuen Geist, dann könnten wir nur noch resignieren.
Doch es heißt: *Ich* glaube. Wo denn habe ich selbst die Chance, mit dem Heiligen Geist meine eigenen Erfahrungen zu machen? Ich kenne ja mich selbst. Ich weiß, wie anfällig ich bin für Entmutigung, für das Gefühl der Sinnlosigkeit, wie empfindlich gegen Verletzungen, wie leicht ermüdet durch Überforderungen. Begeisterung ist in mir nicht als Dauerzustand angelegt. Mich selbst erfahre ich immer wieder als geistlich arm.
Doch ist nicht eben dies die Erfahrung, auf die das Bekenntnis antwortet? Sie erst lässt mich überhaupt begreifen, was damit gemeint ist: Ich vertraue auf den Heiligen Geist. So wird es auch bei mir immer wieder geschehen, dass neuer Mut wächst, wo Lähmung herrschte, dass Verletzungen heilen und Angst und Feindschaft überwunden werden.
Ich habe begriffen, wie wenig autonom ich in meiner Lebensführung und in meinen Entscheidungen bin. Traurigkeit kann mich so gefangen nehmen, Mutlosigkeit so über mich herfallen, dass ich wie gelähmt bin. Ich versuche, ihnen Widerstand zu leisten, doch bleibe ich ihnen ausgeliefert – so lange, bis ich die Angst und Lähmung abschütteln kann, neuen Mut fasse und die Welt wieder anders sehe, mit Augen der Liebe. Ehrlicher müsste ich sagen: Der neue Mut erfasst mich, und die Liebe öffnet mir die Augen. Ich erfahre die Verwandlung als ein Geschenk: eine neu geschenkte Freude am Leben.
Der Heilige Geist ist der Lebensatem einer neuen Hoffnung. Deshalb spricht Jesus in solchem Zorn von der Sünde wider den Heiligen Geist: Wer denen, die aus tiefer Hoffnungslosigkeit gerade wieder Hoffnung zu schöpfen beginnen, diese neu aufkeimende Zuversicht zerstört, dem kann das nicht vergeben werden, jetzt nicht und in aller Zukunft nicht (Mk. 3,29; Mt. 12,32; Mk. 9,42).

3.1.3 Trinität: Drei in Einigkeit

So lerne ich, den Heiligen Geist in meiner Existenz wahrzunehmen, als vital spürbare Verwandlung, als Trost und Hoffnung. Doch meint das Bekenntnis nicht noch etwas anderes: den Heiligen Geist als die Dritte Person der Trinität? Kann ich das, muss ich das glauben?

Bei Juden und Muslimen endet hier die Bereitschaft, Christen zu verstehen. Beide sind verbunden in dem Bekenntnis zu dem Einen Gott und sind nicht bereit, daneben einen anderen Gott zu dulden. Der Koran ist von der ersten Sure an nichts anderes als ein leidenschaftliches Beschwören, ja den konsequenten Glauben an den Einen Gott nicht preiszugeben. Das hatte aber zuvor auch schon das Grundbekenntnis Israels eingeschärft, das *Sch'ma Jißrael* (5.Mose 6,4): Höre Israel: Dein Gott ist einer, allein und einzig – *adonaj echad.*

Der Verdacht der beiden benachbarten streng monotheistischen Schriftreligionen, das Christentum sei der Beginn eines Rückfalls in heidnische Vielgötterei, findet in der Kirchengeschichte durchaus Anhaltspunkte. So konnte eine spanische Synode (in Toledo) im 7. Jahrhundert erklären, es handle sich in der Trinität um drei Personen, aber eine Substanz: tres personae, una substantia. Das allerdings ist der Bibel zutiefst fremd: den leidenschaftlichen Gott der Bibel (auf den sich auch der Koran bezieht) in eine göttliche »Substanz« zu verwandeln, die dann in unterschiedlichen Wesen Gestalt gewinnt.

Die Anfänge der Trinitätslehre dagegen entspringen einem völlig anderen, geradezu entgegengesetzten Ansatz: Sie will unter allen Umständen an dem *adonaj echad* festhalten, dem Bekenntnis zu dem einen und einzigen Gott. Das sagt schon der Begriff Trinität; er behauptet rundweg die uneingeschränkte Einheit (unitas) der drei. Dagegen ist das deutsche Wort Dreieinigkeit viel zu schwach, von der notwendigen Eindeutigkeit weit entfernt und für Missdeutungen offen.

Das logische Problem der Trinität müssen wir hier nicht lösen; für uns ist nur wichtig zu verstehen, was für Erfahrungen in dieser dreifachen Rede von Gott aufbewahrt werden. Das apostolische Bekenntnis kennt noch kein Dogma von der Trinität; es spricht diszipliniert in überschaubarer Gliederung von den drei grundlegenden Gotteserfahrungen, von denen der Glaube lebt:

Es geht darum, dass Gott in der Begegnung mit Jesus und in der belebenden Wirklichkeit des neuen Geistes nicht weniger unmittelbar erfahren wird als in dem Vertrauen zu dem Schöpfer; und diese Erfahrungen gehören so unlöslich zusammen, dass nicht eine von den anderen abgetrennt oder eine den anderen unter- oder übergeordnet werden kann: Alle drei sind gleich gewichtig, gleich unmittelbar, von gleicher vitaler Bedeutung. Das gilt es auszusprechen, und das kann ich sagen, ohne damit den grundlegenden Glauben an den Einen Gott auch nur von ferne anzutasten.

Und wenn der Heilige Geist in Gebeten der Christen trotzdem wie eine Person angeredet wird? Mag das auch zuweilen fremd klingen, doch es geht um eine ganz elementare Erfahrung, und alle elementaren Erfahrungen sind personal. Das sehen wir an der Art, wie Kinder sich die Welt erschließen: Was ihnen begegnet, hat den Charakter eines Du. Mit der distanzierteren Objektbeziehung des Ich-Es und mit der Fähigkeit zum Reden »darüber« wird die Welt besser verfügbar, doch verfügbar ist uns dieser Geist nun einmal nicht, und so bleibt die unmittelbare Anrede doch eine nachdenkenswerte und angemessene Form für diese Wahrnehmung.

»Du bist ein Geist der Freuden«, singt Paul Gerhardt, »Du bist ein Geist der Liebe, der Feindschaft bist Du feind«. So fühlten sich nicht nur die ersten Generationen der Christen von diesem neuen Geist ergriffen, getragen und getröstet. »Komm, o komm, Du Geist des Lebens«: so rufen wir ihn bis heute im Gottesdienst. Er erhebt uns nicht über das Leben, er holt uns aus dem Todesschatten ins Leben zurück. Wir begreifen, wie wir darauf angewiesen sind.

3.2 die heilige allgemeine christliche Kirche, Gemeinschaft der Heiligen

Um neue Erfahrungen geht es im Dritten Artikel: um die Wiederentdeckung des Heiligen und um den neuen Geist. Der Heilige Geist ist der Leben schaffende Atem Gottes. Ich entdecke ihn auch in der Kirche – das Bekenntnis sagt nicht, dass er selbstverständlich dort zu Hause sei, aber dass ich ihn trotz allem dort finden werde; auch in den Menschen, die zur Kirche gehören, auf irgendeine Weise, ohne sie wäre ich nicht hier.

3.2.1 Das Abenteuer der Ökumene

Das Wort »katholisch« kommt aus der griechischen Sprache und bedeutet: über die ganze Erde hin. »credo unam sanctam ecclesiam catholicam« sagt der lateinische Text, und das heißt: eine heilige Kirche weltweit. Ohne Frage wird diese Einheit der Christenheit von der weltweit einen katholischen Kirche überzeugender dargestellt als von den anderen kleineren untereinander vielfach zerstrittenen Kirchen.

Ihre Überzeugungskraft liegt nicht nur in der organisatorischen Einheit, die für protestantisches Empfinden auch etwas Erdrückendes hat. Die katholische Kirche ist die einzige weltweit handelnde Großinstitution, die es sich leisten kann, unbeeindruckt von der Machtpolitik der Großmächte zu agieren, unbeeindruckt auch von den angeblichen Zwängen des technischen Fortschritts und des wachsenden Reichtums, unbeirrt und mit einer Stimme gegen den Krieg aufzutreten, für Frieden und soziale Gerechtigkeit. Entgegen dem globalen mainstream ist sie konsequent der Anwalt der Armen geblieben, der Ohnmächtigen und der Opfer.

Das ist unbestreitbar die Stärke der katholischen Kirche. Es ist müßig, darauf hinzuweisen, dass das in ihrer Geschichte oft anders war. Jetzt kann sie vieles bewirken, das wir Protestanten allein so nicht könnten. Auch als überzeugter Protestant kann ich dazu nur aus vollem Herzen Ja sagen: Wie gut, dass es euch gibt. Das war vor wenigen Jahren, nachzulesen in einschlägigen Lehrbüchern, noch völlig anders. Da war jede Konfession noch unbeirrbar damit befasst, ständig auf die Irrtümer der anderen hinzuweisen. Inzwischen beginnen wir zu begreifen oder zumindest zu ahnen, dass diese Unbeirrbarkeit der schlimmste Irrtum war.

Diese Einsicht wird sich unter Christen nicht mehr aufhalten lassen: Das dringende Gebot, aufeinander zu hören, ist wichtiger als die beständige Selbstrechtfertigung. Luther hat gewusst, dass der unstillbare Drang zur Selbstrechtfertigung die penetranteste Folge der Sünde ist.

Der Grundgedanke der ökumenischen Bewegung ist ebenso einfach wie einleuchtend: Die Menschen, die sich an Jesus und an seine große Hoffnung halten, gehören weltweit zusammen; sie dürfen um Jesu willen in dieser zerstrittenen Welt nicht selbst das Bild der Zerstrittenheit bieten. Doch so einfach der Ansatz ist, so schwer ist seine Realisation. Die Neigung zur Abspaltung ist in der Christenheit von Anfang an virulent. Diese Abspaltungen haben weithin soziale Wurzeln, doch sie werden festgemacht an Formeln und Formen, die den einen als für den Glauben entscheidend, den anderen aber als Abfall von dem Ursprünglichen erscheinen.

Immer geht es in diesen Auseinandersetzungen um letzte Fragen, und deshalb wird der eigene Standpunkt mit letzter Erbitterung verteidigt und jeder Kompromiss als Preisgabe unaufgebbarer Wahrheiten und der Beginn einer verhängnisvollen Aufweichung gesehen. Das gibt es freilich nicht nur in der Kirche, sondern überall, wo tiefe gemeinsame Überzeugungen mit Leidenschaft gegen eine anders denkende Umwelt vertreten werden, in der jüngeren Vergangenheit vor allem in der politischen Linken: Es sind oft nur kleine Differenzen, die den Anstoß geben, mit äußerster Erbitterung um tiefe und letzte Wahrheiten zu streiten.

Von außen betrachtet stellt sich die Kirchengeschichte immer wieder als eine Geschichte unbelehrbarer eigensinniger Rechthaberei dar. Diese Rechthaberei reicht durchaus bis in die Gegenwart, nur ist durch die ökumenische Bewegung seit dem 20. Jahrhundert ein neuer Ton in die Auseinandersetzungen gekommen. Ob er sich zum cantus firmus entwickelt, ist vorerst noch offen.

Denn eigentlich sind die Schwierigkeiten so groß, dass jeder Versuch zur Einigung von vornherein als aussichtslos erscheinen muss. Die katholische Kirche versteht sich selbst als die eine Kirche des Glaubensbekenntnisses; das griechische Wort *katholisch* ist gleichbedeutend mit ökumenisch: über die ganze Erde hin sie muss nach der einen ökumenischen Kirche nicht suchen, sondern sie ist sie selbst.

Deshalb kann jedes offene partnerschaftliche Gespräch mit anderen, die sich auch als Kirche verstehen, das eigene Fundament beschädigen. Das ist aus Rom noch einmal unmittelbar vor dem ersten ökumenischen Kirchentag in einer Weise bekräftigt worden, die nicht nur die protestantischen Kirchen, sondern auch die katholischen Gemeinden vor den Kopf stieß. Das Gebet für die Einheit der Kirche wird in diesem Kontext unglaubwürdig; es wirkt auf die anderen wie die Ankündigung einer feindlichen Übernahme.

Nicht weniger deutlich beharren aber auch die orthodoxen Kirchen auf ihrem Anspruch, dass ihre Gottesdienste die einzig angemessene Form seien, den Himmel auf Erden zu feiern. Die Weigerung der orthodoxen Vertreter im Ökumenischen Rat, noch gemeinsame Gottesdienste zu akzeptieren, sprach eine harte Sprache und traf die Bemühung um mehr Gemeinsamkeit, wenn nicht in der Theologie und der Organisation, dann jedenfalls im gemeinsamen Gebet, im Kern. Die jahrzehntelang geübte Geduld als Grundlage des Umganges miteinander wurde damit bis an die Grenze strapaziert. Ist es da etwa nicht verständlich, aufzustehen und die Tür zuzuschlagen? Doch damit wäre ein ganzes Jahrhundert langer geduldiger Bemühung gescheitert.

Auch von der anderen Seite wird das Streben nach Einheit nicht erleichtert. Abgesehen von freikirchlichen Gruppen, von denen sich selbst manche ganz unbefangen als die einzig wahre Kerngemeinde verstehen, weiß auch der Protestantismus Mauern aufzurichten, die unüberwindlich scheinen. Als unantastbare Grundlage jeder Einigung fordert er die Übereinstimmung in der rechten Lehre, als deren Kern die reformatorische Rechtfertigungslehre unaufgebbar sei: dass wir gerecht vor Gott werden allein aus Glauben ohne Rücksicht auf unsere Werke.

Dass dies eine polemisch zugespitzte Aussage ist, die unvermeidlich Widerspruch hervorruft, auch in der Bibel, selbst bei Paulus, lässt sich nicht gut bestreiten. Es ist ein letztes Wort, das in der Anwendung auf die vorletzten Dinge, in denen wir leben und handeln, eine katastrophale Verwirrung stiftet. Es ist ein Wort für die tief Angefochtenen, für sie lebensnotwendig, doch in anderen Kontexten kaum zu vermitteln, etwa dem der politischen Ethik. So ist sie auch wenig geeignet als Basis der

erstrebten globalen kirchlichen Einigung. Sollen sich die anderen ausgerechnet einen solchen Sprengsatz ins eigene Boot holen?
Auch als Protestant sehe ich, wie bald nach der Reformation aus der wieder entdeckten »rechten Lehre«, die Menschen verwandelte und neues Leben schuf, ein Beharren auf theologisch richtigen Sätzen werden konnte, mit dem sich das Evangelium von der geschenkten Rechtfertigung in sein Gegenteil verwandeln konnte: in ein Instrument der Selbstrechtfertigung.
Wo ist denn noch ein Ansatz zu erkennen, der uns weiter zusammenführt? Wo immer ich ökumenische Gemeinschaft erfahren habe, wuchs sie aus der gleichen Wurzel: einer gemeinsamen Rückfrage nach der Bibel. Diese Bemühung um ein genaueres Hören auf die Bibel aber steht im Dienst einer selbstkritischen Vergewisserung. Sie stellt das selbstverständlich Gewordenen in Frage und setzt es noch einmal dem Feuer der ursprünglichen Erschütterung und Leidenschaft aus; sie misst das Gewachsene am Maßstab der ersten aufkeimenden Hoffnung. So aber war auch das »Schriftprinzip« der Reformatoren gemeint, von seinem späteren Missbrauch deutlich genug zu unterscheiden.

3.2.3 Die Bibel als kritische Instanz

Ursprünglich ist das reformatorische »Schriftprinzip« ein radikal demokratisches kritisches Prinzip: Die Heilige Schrift ist der Maßstab, an dem alles zu messen ist, vor allem unser Glaube und die heutige Gestalt der Kirche und Theologie, ob sie noch ihrem Ursprung entsprechen. Gewiss gibt es dunkle Stellen in der Schrift, doch im Entscheidenden ist sie klar und eindeutig und allen zugänglich, so dass jede Christin und jeder Christ zu einem eigenen Urteil darüber kommen können und sollen.
Doch auch das Schriftprinzip konnte seiner kritischen Potenz beraubt werden: Aus der lebendigen Vielfalt der Schrift wurde die vermeintliche Kernaussage abstrahiert, die Rechtfertigungslehre, und an dieser Lehraussage waren nun alle anderen Kirchen und Konfessionen zu messen. So wurde die Schrift aus einem Potential ständiger selbstkritischer Prüfung zu einem Instrument der theologischen Selbstbehauptung, und statt des allgemeinen Priestertums der Gläubigen hat auch der Protestantismus eine Hierarchie entwickelt, in der nur noch Fachgelehrte die Schrift richtig auszulegen und anzuwenden wissen.
Die Bibel selbst wehrt sich vehement gegen eine solche Vereinnahmung. Sie ist das Buch eines vielstimmigen Gesprächs, zum Zerspringen lebendig, offen für konträre Erfahrungen und gegensätzliche Theologien, doch gebunden an gemeinsam tragende Erfahrungen. Sie ist uns von den ersten Generationen als Kanon überliefert, und das bedeutet: als Maßstab.

Doch zum Maßstab wird sie nicht durch eine einheitliche Theologie, sondern gerade in ihrer Vielstimmigkeit, die sie aushält, ohne dass eine dieser Stimmen aus dem Dialog entlassen wird. Was all diese Stimmen zusammenhält, lässt sich nicht habhaft formulieren. Sie alle reden von Erfahrungen mit der Zuwendung Gottes, doch die bleibt all unseren Versuchen, ihr Namen zu geben und sie theologisch zu begreifen, noch immer weit voraus.

Im Umgang mit der Bibel vergewissern wir uns, dass wir den Bezug zu dieser Wirklichkeit nicht verloren haben. Und allein diese Bemühung hält die Ökumene zusammen. Im Umgang mit der Bibel lernen wir, unsere rechthaberischen theologischen Sicherheiten hinter uns zu lassen und Gottes Willen in den Stimmen der anderen zu hören. Wo das geschieht, bleibt die Ökumene lebendig.

Und das ist nicht nur theologische Theorie, sondern greifbare Realität. Auf ökumenischen Konferenzen ist das erste große Wunder, dass wir überhaupt in der Lage sind, offen miteinander zu sprechen. In einer Welt, in der der Reichtum der einen nicht nur im grellen Kontrast zu der Armut der anderen steht, sondern als ihre Ursache begriffen wird, bekommt die Frage nach der Schuld unausgesprochen so großes Gewicht, dass es beiden zunächst einmal die Sprache verschlägt. »Zwischen uns ist ein Abgrund entstanden, über den wir nicht mehr hinüberkommen«, lässt Jesus in einem Gleichnis den Armen zu dem Reichen sagen (Lk. 16,26). Ich habe es tatsächlich als ein Wunder empfunden, dass sie mit uns anders sprachen als im Ton der bitteren Anklage, als eine ungeheure Befreiung, eine unausgesprochen geübte Vergebung.

Das andere Wunder ist, dass bei solchen Begegnungen ganz selbstverständlich der gemeinsame Glaube als der tragende Grund gilt, obwohl alle die tiefen theologischen, liturgischen und strukturellen Gegensätze kennen. Es sind völlig unterschiedliche Ebenen des Gesprächs, wenn auf der einen Seite verbissen um jedes Detail dieser Gegensätzlichkeiten gestritten wird und auf der anderen unter dem Ansturm der immensen Menschheitsfragen gemeinsam nach Antworten der Hoffnung gesucht wird. Wenn dann solche gemeinsam artikulierten Fragen und Antworten über die tiefen sozialen und kulturellen Gegensätze hinweg gefunden werden, ist das wirklich ein Wunder, das Wunder eines neuen gemeinsamen Geistes.

Ich habe erlebt, wie bei dieser gemeinsamen Suche Glieder aller Kirchen über ihren eigenen Schatten sprangen, genauer: über den Schatten ihrer eigenen Kirche. Sie waren bereit, die Grundlagen ihrer eigenen Kirche selbstkritisch mit den Augen der anderen zu sehen, auch mit den Augen der Propheten oder den Augen Jesu. So war auf einmal die Bibel mit im Gespräch, und zwar nicht eine auf die Bedürfnisse der eigenen Konfession zugeschnittene, sondern eine in tiefer Ratlosigkeit offen befragte, nach Hoffnung durchsuchte, für alle gemeinsam verbindliche Heilige Schrift. Wo sie auf diese Weise zum Mitreden kam, war es mit der hoffnungslosen konfessionellen Selbstgerechtigkeit vorbei.

3.2.4 Gemeinschaft der Heiligen

Auch dies gehörte selbstverständlich zum Selbstbewusstsein der ersten Gemeinden: dass sie das waren, eine Gemeinschaft der Heiligen. Jedenfalls konnte Paulus sie darauf anreden, auch die ihm noch unbekannte Gemeinde in Rom: als Heilige, von Gott geliebt, von Christus dazu berufen (Röm. 1,7). Daran gemessen ist es ein Unglück, wenn dieser so beredte Name der »Heiligen« eingeengt und nur wenigen vorbehalten wird. Nicht nur einige wenige sind gemeint, sondern das Volk Gottes insgesamt, dem die Tora dies im Namen Gottes zuspricht: Ihr werdet heilig sein, denn heilig bin ich, der Herr, euer Gott (Lev. 19,2).

Allerdings ist auch die Formulierung »Gemeinschaft der Heiligen« – lateinisch: communio sanctorum – in der Theologiegeschichte heftig umstritten. Es gibt eine sakramentale Deutung, die ich für unzutreffend halte: Gemeint sei danach (die lateinischen Worte geben das her) nicht die Gemeinschaft, sondern die Teilhabe, und nicht an Personen, sondern an den heiligen Elementen der Eucharistie, des Abendmahles. Das Wort »heilig« wird dabei als Neutrum verstanden, und zu übersetzen wäre: Teilhabe am Heiligen. Dahinter aber steht ein ganz anderes Denken als das der biblischen Leidenschaft für das Menschliche.

Ein heiliges Volk – eine ungeheure Verheißung –, bleibt sie nicht zu weit entfernt von der Realität? Doch vom Heiligen Land und von der Heiligen Stadt sprechen wir ganz unbefangen. Heilig heißt, dass sich dort in besonderer Weise etwas von Gottes Gegenwart begreifen lässt, und wer einmal im Heiligen Land war oder in Jerusalem an der Klagemauer, der hat das auch erfahren können.

Doch ich selbst – auch ein Heiliger? Aber ich kann dem gar nicht ausweichen: Wenn Gott etwas mit mir vorhat, dann dies, dass ich anderen etwas von seiner Güte weitergebe, dass sich etwas von seiner Gegenwart an meinem Leben widerspiegelt. Ich komme an der Einsicht nicht vorbei, dass auch in mir immer wieder sein Heiliger Geist am Werke ist.

Darauf spricht Paulus die Korinther an, die er zuvor am Anfang seines Briefes als die »berufenen Heiligen« angeredet hat (1Kor. 1,2). Sie dürfen ihren eigenen Leib nicht länger mit hemmungslosem Genuss entehren: »Wisset ihr nicht, dass euer Leib ein Tempel des Heiligen Geistes ist, den ihr von Gott habt? Ihr gehört nicht mehr euch selbst!« (1Kor. 6,19)

Diesen neuen Heiligen Geist erlebe ich in mir und in anderen und zwischen uns, und daraus entsteht eine eigenartige Gemeinschaft, eine Gemeinschaft der Getrösteten, der Ermutigten, der Beschenkten, die alle wissen, dass sie das nicht aus sich selbst haben. So hat in dieser Gemeinschaft vieles kein Gewicht mehr, das anderswo zwischen Menschen sehr schwer wiegt: Eitle Selbstdarstellung ist sinnlos geworden, überhaupt jeder Versuch, den anderen etwas vorzuspiegeln, sie zu hintergehen, auf den eigenen Vorteil bedacht zu sein, die anderen wieder zu verletzen, ihnen ihr Versagen, ihre Unzulänglichkeit vorzuhalten. All das beschreibt Paulus im gleichen Brief (1Kor. 13,4–7) sehr überzeugend.

Wie sollen wir eine solche Gemeinschaft nennen? Es ist ein redliches Miteinander, verbunden in gemeinsamer Hoffnung und gemeinsamem Engagement und so auch fähig zu gemeinsamem Gebet. »Keiner kann allein Segen sich bewahren«, sagt ein Lied der Friedensbewegung, und erst recht gilt das von der Hoffnung. Immer von neuem hoffen Menschen im Vertrauen auf Jesus, dass Hungernde satt und die Trauernden getröstet werden und dass die Erde endlich aufatmen kann, weil sie nun den Sanftmütigen gehört. Solche Hoffnung festzuhalten, durch Jahrtausende, im Angesicht einer Welt, die täglich ganz anderes praktiziert und verspricht – dazu ist niemand allein in der Lage, dazu brauchen wir ein Netz, das uns trägt, eine Gemeinschaft der Hoffenden. Und auf diese Gemeinschaft hoffen wir nicht ins Ungewisse, sondern wir alle haben sie längst erfahren.

Was glauben wir wirklich? so, dass wir mit unserem Leben daran hängen? Hänge ich mit meinem Leben an der Kirche? Ich glaube schon, ich begreife immer mehr, wie viel die Kirche bedeutet, nicht nur für die Gesellschaft, in der ich lebe, sondern auch für mich selbst. Ich meine dabei gar nicht eine ideale Kirche, sondern die reale, gewiss nicht einfach die Institution, aber doch auch nicht abgehoben von ihr. Die Reformatoren beriefen sich auf die eine weltweite unsichtbare Kirche, doch auch Luther wusste: Die gibt es nicht ohne ihre leibhaftig erfahrene Gemeinschaft.

In Anlehnung an den Kirchenvater Cyprian (5. Jh.), der es freilich etwas dogmatischer und gesetzlicher formulierte, kann ich auch als Protestant sagen: Ich hätte nicht Gott zum Vater und Christus zum Bruder, hätte ich nicht diese Gemeinschaft der Glaubenden zur Seite, die vielen, die vor mir und neben mir glauben und lieben und hoffen. Wo wäre ich in den Zeiten der Bedrängnis geblieben, hätte mich nicht dieses Netz der Gleichgesinnten getragen und getröstet! Wo wäre ich, hätte ich nicht in der Bibel ihre Stimmen täglich zur Hand. Wie oft wäre ich abgestürzt, hätten sie mich nicht in ihren alten und neuen Liedern begleitet! Als Insider kenne ich auch die vielen schmerzhaften Reibungspunkte gut. Nur komme ich von dieser ganz einfachen elementaren Erfahrung nicht los, es ist wirklich so: Keiner kann allein Hoffnung sich bewahren. Auch daran glaube ich, ich hänge mit meinem Leben daran.

Und so, eingebunden in dieses Netz der Gemeinschaft der Heiligen, spreche ich nun von der letzten Perspektive meines Lebens: Vergebung der Sünden – Auferstehung.

3.3 Vergebung der Sünden

Das Bekenntnis sagt lapidare Worte von ungeheurem Gewicht. Doch sie sind uns so geläufig, dass wir mittlerweile das Gefühl dafür verloren haben, wie schwer sie wiegen. Zudem hat das Wort Sünde merkwürdige Wandlungen erfahren: Früher Inbegriff des bedrohlich Verwerflichen, ist es heute geradezu verführerisch attraktiv geworden; es wird in der Werbung gern eingesetzt. Vorausgesetzt ist dabei die Einengung auf das Feld intimer Beziehungen, und diese Konnotationen nutzt die Werbung listig aus.

Für die wirklich großen Sünden aber ist das Wort mittlerweile viel zu schwach; um sie zu benennen, müssen wir zu anderen Worten greifen: Frevel, Gewalttat, Mord, Verbrechen. Die sind weit genug entfernt von uns; wir sind daran als Zuschauer, allenfalls als potentielle Opfer beteiligt, nicht als Täter. Oder vielleicht doch? Lassen wir uns noch ernsthaft auf unsere »Sünden« ansprechen?

3.3.1 Schuld, Verstrickung und Vergeltung

Nüchtern betrachtet, ohne gewaltsame Verdrängung, ist der Sachverhalt eindeutig zu beschreiben: Unsere Verstrickungen in das, was in der theologischen Sprache »Sünde« heißt, sind vielfältig und schwer zu lösen. Dabei geht es nicht um die kleinen Sünden, die eigentlich nur durch Nachschnüffeln ans Licht kommen: die dunklen Stellen in der Tiefe der Seele, von denen wir seit Freud wissen, dass niemand frei von ihnen ist. Daran soll ich mich nicht aufreiben. Das hat schon Luther, durch eigene Erfahrung schmerzhaft belehrt, seinem Freund Melanchthon eingeschärft. Es könnte ein geschickt angelegter Betrug sein, der mich auf Bagatellen fixiert und mich dadurch hindert, die wirklichen schweren Sünden wahrzunehmen.

Doch bin ich ja auch beteiligt an solchen wirklichen schweren Sünden: etwa den maßlosen Zerstörungen und den großen Ungerechtigkeiten, die unsere Gesellschaft täglich anrichtet. Da ist es noch nicht einmal das schlimmste, dass ich als Autofahrer Anteil habe an der Vergiftung der Atmosphäre und der Ausweitung des Ozonlochs; schwerer wiegt, wie ich durch unseren selbstverständlichen Lebensstandard mit schuldig werde an der Achtlosigkeit unserer reichen Gesellschaft gegenüber der tödlichen Armut und ihren Folgen in anderen Regionen unserer Erde.

Was Menschen einander und der Schöpfung damit zufügen, sind ja nicht nur kleine Wunden, von denen wir wissen, dass sie von selbst wieder heilen. Auch solche Selbstheilungskräfte sind schon ein Wunder, sozusagen eine von der Natur stillschweigend geübte Vergebung, mit der wir aber so selbstverständlich rechnen, dass wir das Wunder darin gar nicht mehr wahrnehmen. Doch dazu gehören auch, ungewollt oder sogar »billigend in Kauf genommen«, tiefgreifende Zerstörungen, schwere Traumata, die – der Mutter Erde zugefügt – unheilbar bleiben. Solche Verletzungen können nicht ohne Antwort bleiben; sie fordern Vergeltung.
Das Gesetz der Vergeltung ist um uns und in uns ständig präsent, eine Realität, der wir nicht ausweichen können. Manchmal zeigt es erschreckend atavistische Züge, doch es ist notwendig zum Schutz des Lebens. Gäbe es nicht die Antwort des Zorns, bliebe die Gewalt ungeahndet, zumal gegenüber den Schwächeren, auch gegenüber der wehrlosen Erde, die uns alle trägt, dann würde die Gewalt überborden und die tiefe Nacht der Gleichgültigkeit alles zudecken.
Die notwendige Antwort auf Schuld ist Zorn und Vergeltung. Diese Antwort zu unterbinden hieße die Schuld zu ignorieren. Wie aber sähe unsere Gesellschaft aus, gäbe es nicht die Ordnung des Rechts, die Gewalt ahndet! Erst die Antwort der Vergeltung schafft der Gerechtigkeit wieder Geltung, ohne die es keinen Frieden geben kann.
Theologisch erkennen wir darin die Widerspiegelung von Gottes Gesetz und seinem Zorn. Das sind nicht, wie von christlicher Seite oft unbedacht unterstellt, Reste alttestamentlicher Vorstellungen, die im Neuen Testament überwunden seien, so als gelte dort ein anderes Gottesbild: nur noch das Evangelium von der Liebe Gottes. Das Evangelium begreift nur, wer auch den Zorn Gottes wahrnimmt; und »nur wenn man das Gesetz Gottes über sich gelten läßt«, schreibt Bonhoeffer, »darf man wohl auch einmal von Gnade sprechen« (WE 175).
Schon Luther hat sich mit einer so unrealistischen Entschärfung des Evangeliums auseinander setzen müssen. Gottes Gesetz ist etwas anderes als das von den Menschen selbst »erdichtete« und zur Gesetzlichkeit entstellte Gesetz (dies kennt er selbst nur zu gut); Gottes Gesetz spricht unüberhörbar in der täglich erfahrenen Wirklichkeit des Zornes Gottes: »Das macht dein Zorn, dass wir so vergehen!« (Ps. 90,7) Ohne diese Erfahrung gibt es auch die andere der Vergebung nicht; sie erst schafft die Voraussetzung dafür, Gottes Vergebung wirklich wahrzunehmen. Ja, »... nur wenn der Zorn und die Rache Gottes über seine Feinde als gültige Wirklichkeit stehen bleiben« (so Bonhoeffer, ebda.), »kann von Vergebung und von Feindesliebe etwas unser Herz berühren«.
Gottes Zorn steht nicht im Widerspruch zu seiner Zuwendung, er ist nur ihre andere Seite. Und er ist nicht willkürlich, sondern notwendig und begreiflich: Seine Gegenwart gilt den Bedrängten, er hört ihr Schreien,

seine Tora schützt sie und die Schöpfung vor dem Zugriff der Gewalttäter. Und so ist in seiner Selbstvorstellung mit dem tröstlichen Namen des »Ich bin da« (Ex. 3,14) notwendig der andere verbunden: »ein leidenschaftlicher Gott« (das hebräische Wort, das die deutschen Bibeln mit dem negativ konnotierten Wort »Eifer« übersetzen, meint nicht Eifersucht, sondern die leidenschaftliche Zuwendung: Ex. 20,5; Dt.4,24; 5,9; 6,15), der Gewalt und Unrecht ahndet. Seine Zuwendung gilt den Bedrängten, seine Leidenschaft dem Leben.

Das alles wird schon am Anfang der Bibel in der Kainsgeschichte thematisiert: Vergossenes Blut schreit zum Himmel, doch auch Kain wird am Ende durch das Gesetz der Rache vor willkürlicher Gewalt geschützt (Gen. 4,15). Nur zeigt sich im Fortgang der Geschichte bei Kains Sohn Lamech, wie die Vergeltung, die der Gewalt einen Riegel vorschieben soll, selbst in den Sog überbordender Gewalt gerät. Lamech rühmt sich:

> Einen Mann erschlug ich für meine Wunde
> und einen Jüngling für meine Beule (Gen. 4,23).

Und so erleben wir bis heute, wie die Vergeltung Menschen hoffnungslos in eine Spirale wachsender Gewalt verstrickt und sie damit immer weiter entfernt von der Chance eines friedlichen Ausgleichs. Eine Gegenstrategie ist notwendig, um diese wechselseitige Eskalation von Hass und Gewalt endlich zu beenden; und die einzige Chance, damit zu beginnen, heißt: Vergebung.

3.3.2 Vergebung als Heilung

Die Gegenstrategie der Bergpredigt ist, das unerbittliche Gesetz der Vergeltung zu überwinden durch Vergebung, die aus Verletzung und Bedrohung erwachsene Feindschaft durch Liebe. Die Fähigkeit und Bereitschaft zur Vergebung erwächst aus der selbst täglich erfahrenen Vergebung Gottes: Er lässt noch immer seine Sonne aufgehen über Bösen und Guten und lässt es regnen auf Gerechte und Ungerechte (Mt. 5,45).

Mit der Vergebung wird das Recht des Zorns nicht bestritten, doch er hält inne, um einer neuen Hoffnung Raum zu geben. Und so wird statt neuer tiefer Wunden erst einmal Zeit gewährt zur Heilung, statt der Todesangst kann endlich wieder Liebe aufblühen und Leben. Selbst in den Tiefen des verletzten Gefühls kann der Friede einkehren.

Es bedarf keiner großen Fantasie, um wahrzunehmen, wie sehr wir alle täglich von der Vergebung leben. Würde mir die Rechnung präsentiert für alles, was ich beschädigt, verletzt oder zerstört habe, was ich versäumt und verweigert habe, so wäre das eine Schuldensumme, die zu begleichen ich keine Chance hätte. Statt dessen kann ich jeden Morgen mit tiefem Aufatmen begrüßen, jeden neuen Tag als Geschenk, diese Erde als den wunderbaren Ort, der noch immer voll ist von Gottes Güte, und getrost an die Arbeit und in neue Begegnungen hinein gehen in der Hoffnung, es heute besser zu machen.

Mich bedrückt schon die Unfähigkeit meiner Seele, mit den großen Wundern, die mir jeder Tag schenkt, achtsam genug umzugehen. Ist das nicht eine permanente Verletzung der Ehrfurcht vor dem Leben – ich könnte auch sagen: der Heiligkeit Gottes, meines Schöpfers? Und dann sind da noch all die kleineren Verletzungen, die ich – oft ohne es zu wollen oder überhaupt nur wahrzunehmen – anderen zufüge oder der Schöpfung. Ich wäre vollends gelähmt, müsste ich erwarten, dass die Folgen meiner Schuld voll auf mich zurückschlagen. Was ich angerichtet habe, würde sich tödlich summieren wie die Wirkung von Röntgenstrahlen.

Vergebung heißt Leben, täglich neu geschenkt. Verweigerte Vergebung dagegen ist tödlich. Sie muss gar nicht das Gesicht der Rache tragen, sie kann sich in der freundlichen Bemerkung eines Berufsberaters niederschlagen: Wer gut ist, bekommt auch eine Stelle. Für wie viele Schulabgänger, denen dieser standardisierte Satz gesagt wird, ist klar: Sie gehören nun einmal nicht zu den Erfolgreichen, und die ergebnislose Suche nach einer Stelle wird dann das Siegel darauf sein, dass sie eben nicht »gut« sind! Sie haben sich in der Schulzeit nicht genug angestrengt, sie haben versagt, und das ist jetzt die Quittung. Wie sollen Jugendliche damit leben? Die Gesellschaft spielt ihnen mit freundlicher Selbstverständlichkeit das Lied vom Tod.

In unserer Leistungsgesellschaft ist das Wort »gnadenlos« geradezu ein Markenzeichen geworden für »spannende Unterhaltung«, attraktiv und werbewirksam. Nur zu gern folgen auch die Medien der Lust, Menschen gnadenlos an den Pranger zu stellen, ohne Rücksicht auf die Grenze, an der es tödlich wirkt. Gerüchte und Unterstellungen genügen, um Menschen öffentlich bloßzustellen.

Die hebräische Sprache kennt ein Verb, das diesen Vorgang genau beschreibt: Das Wort *bosch* bedeutet in der Grundform, sich zu schämen; in der aktiven Form heißt es, jemanden zu beschämen; in der Steigerung (die hebräische Sprache kann auch Verben steigern) wird daraus: zugrunde richten; und das Passiv dieser Steigerungsform wird von Luther übersetzt: zuschanden werden. Das ist das Ende, schlimmer noch als der Tod. Das Gegenwort heißt in der hebräischen Sprache *kipper*: bedecken, die Schuld zuzudecken, die Blöße zu verhüllen. Das ist nicht gleichbedeutend mit vergeben, doch es ist das Gegenwort gegen das Bloßstellen.

Es gibt im Umgang mit der Vergebung auch gravierenden Missbrauch. Für Luther war die Gewissheit, dass Gottes Vergebung keine Vorbedingung kennt, keine Rücksicht auf Verdienst und Würdigkeit, der letzte

Halt, der selbst in der Tiefe der Depression noch trägt. Auf diesem Boden aber ist im Laufe der Zeit eine zynische Sicherheit gewachsen, die jedem alles zu tun erlaubt, wenn er dabei nur auf Gottes Vergebung vertraut. Es gilt geradezu als Gottes Job, alles zu vergeben; und so lässt sich nun auch alles mit einem selbstverständlich guten christlichen Gewissen verbinden, selbst die Bereitschaft, Krieg zu führen; und nicht anders war es zuvor schon bei der massenhaften Versklavung und der hemmungslosen Ausbeutung der Erde.

Dieser Missbrauch hat in der Christenheit Schule gemacht. Er wird da möglich, wo die Vergebung nicht mehr eine befreiend erfahrene Wirklichkeit ist, sondern zu einem Prinzip wird; das können sich dann Menschen für ihre Zwecke dienstbar machen. Es ist schwer, in der öffentlichen Diskussion als Christ glaubwürdig zu argumentieren, wenn die tragenden Worte des Glaubens im eigenen Hause einem solchen Missbrauch ausgeliefert sind. Dieser Missbrauch raubt der Vergebung jeden Kredit. Wir aber leben von ihr, wir brauchen sie, doch nicht als Grundsatz, als könnten wir sie selbstverständlich jederzeit einfordern, sondern als Wirklichkeit, als tägliche Erfahrung, als ein Wahrnehmen der Chance, dass alles Verletzte doch wieder gut wird. Die Erfahrung wirklicher Vergebung ist von ihrem beflissenen Missbrauch weltenweit entfernt.

Von der Wirklichkeit der Vergebung erzählt am Anfang der Evangelien die Geschichte von dem Gelähmten (Mk. 2,1ff), den die Freunde zu Jesus bringen, damit er ihn selbst hören kann; und als sie es nicht schaffen, nahe genug heranzukommen, wählen sie den mühsamen Weg aufs Dach, und schließlich lassen sie ihn durch die Luke hinunter ins Haus und legen ihn Jesus direkt vor die Füße. Und Jesus sagt ihm das Evangelium so direkt und persönlich, wie sie es sich wünschen: »Kind«, sagt er, »dir sind deine Sünden vergeben!«

Die Menschen in dem Haus begreifen sehr wohl, wie Ungeheures Jesus da dem Kranken zusagt, und der Vorwurf, den einige – zunächst nur in ihrem Inneren – erheben, ist bitter ernst: Ist es nicht leichtfertig, ja lästerlich, so zu reden? Sünden vergeben – das kann doch nur Gott allein. Ich muss an eine Erfahrung denken, von der uns der Rabbiner Albert H. Friedlaender erzählte: von der Frage einer jungen Christin auf dem Kirchentag: Könnt ihr uns denn nicht vergeben? und von seiner Antwort: Lass uns zusammen trauern und beten, aber wie kann ich vergeben für die, die tot sind? – Wer kann Sünden vergeben als Gott allein?

Der Vorbehalt ist sehr ernst: Das Wunder, dass Vergebung neue Wirklichkeit schafft, so dass Verletztes und Beschädigtes wieder heil wird und aus Bösem Gutes wachsen kann, das hängt nicht an unseren Worten, das ist Gottes Tat. Das ist allein ihm vorbehalten; und unsere Sache ist es, in Geduld darauf zu harren. Aus diesem Stand des Ausharrens scheint ihnen Jesus ungeduldig auszubrechen – als hätten nicht schon viele Generationen sich mit Klagen und schmerzhaftem Ausharren begnügen müssen. Er aber tut einfach, als sei die Zeit der endlichen Vergebung jetzt schon Gegenwart, als könne er Gott ein Ultimatum stellen, und das liegt für sie an der Grenze der Lästerung.

Als der Lästerung verdächtig wurde so auch schon ein schriftgelehrter Zeitgenosse Jesu angesehen, Choni, der Kreiszieher: Der zog, als er die Menschen unter der großen Dürre leiden sah, einen Kreis um sich, stellte sich hinein und betete andringend um Regen und schloss: Ich werde diesen Kreis nicht verlassen, bis Du es endlich wieder regnen lässt! Hat sich nicht Jesus in gleicher Weise an die Kranken und Hungernden, die Mühseligen und Beladenen gebunden? Ihre Leiden sind auch seine Leiden, ihre Hoffnung ist auch die seine.

Jesus sieht die unausgesprochenen Vorbehalte und streitet nicht mit ihnen, sondern sagt einfach zu dem hoffnungslos Gelähmten: Steh auf und geh!, und der steht auf, nimmt selbst sein Bett in die Hände und geht. Damit zeigt er ihnen: Jetzt ist die Zeit, Vergebung als Wirklichkeit wahrzunehmen und sie anzunehmen und die Lähmung abzuschütteln. Wie, wenn der Gelähmte hilflos liegen geblieben wäre? Jesus hat keine übernatürlichen Kräfte zur Verfügung, er hat nichts als seine Liebe und seine brennende Hoffnung, und damit wirft er sich selbst ganz in die Waagschale. Er setzt seine Glaubwürdigkeit aufs Spiel, und Gott antwortet so, dass alle es sehen – und staunen.

3.3.3 Meine letzte Hoffnung

Mit seinen letzten Worten zielt das Apostolikum auf die letzten Perspektiven. Die Frage nach den letzten Perspektiven meines Lebens verweist mich unausweichlich auf meinen Tod. Bei allem, was ich an Hoffnungen mit mir trage, liegt er mir im Wege wie ein Stein, und der ist sehr groß (Mk. 16,4). An ihm komme ich nicht vorbei. Was für eine Perspektive öffnet mir das Apostolikum?

Ich weiß: Da wartet ein Abschied auf mich von nie gekannter Schärfe, umfassend und endgültig, ein Abschiedsschmerz von nie erfahrener Tiefe. Wie soll ich damit fertig werden? Und ich weiß auch: Der Tod wird nicht ohne die Angst kommen. Alle Angst, die ich kenne, ist ja im Grunde schon Todesangst, vor der Gewalt, die mir ans Leben will, die mich zu Boden wirft, mich mit Schmerzen bedrängt und mir am Ende den Atem nimmt. Nicht immer ist das Sterben ein gelöstes Entschlafen, oft erleben wir es wie einen Kampf. Wie werde ich dann die Angst meiner Seele bestehen?

Die Angst, die über meinem Leben liegt, die mir in vielerlei Gestalten zusetzt, auch in meinen Träumen, ist schon ein Schatten des Todes. Terror mortis est ipsa mors, hat Luther einmal gesagt (WA TR 5493): Die Angst vor dem Tod – das ist schon der Tod selbst. Von dieser Todesangst befreit mich auch nicht der Gedanke an die Auferstehung. Der große schwere Stein versperrt mir den Weg und jeden Ausblick. Wenn mir so klar wird, was es heißt zu sterben, frage ich mich: Ist da die Auferstehung der Toten nicht viel zu weit weg? Liegt im Augenblick des Sterbens nicht anderes viel näher? Was hoffen wir wirklich? Was ist mir sicher?

Sicher ist eines: dass wir alle sterben werden. »Wir wissen nichts vom Tod, nichts als die eine Tatsache, dass wir ›sterben‹ werden. Aber was ist das, sterben? Wir wissen es nicht. So geziemt es uns, anzunehmen, dass es das Ende alles Vorstellbaren ist«, so antwortet Martin Buber auf die Frage, was nach dem Tode sei (Nach dem Tode, Antwort auf eine Rundfrage, 1927).

Das weiß ich, dass der Tod all mein Vorstellen übersteigt. Doch komme ich von Erinnerungen her, die mich nicht völlig ahnungslos lassen. Das Bekenntnis hat mich an ihnen entlang hierher geführt. Sie lassen mich dem Tod entgegen gehen in der Erwartung einer letzten Begegnung.

Ich habe lange gebraucht, bis ich diesen Ursprung bewusst wahrnahm. Dann aber habe ich mit immer wacherem Bewusstsein erfahren, wie jeder Tag davon sprach, jeder Tag war voller Wunder und reich an Güte. Nun weiß ich genauer, wie mein ganzes Leben davon getragen war. Ich habe mein Leben empfangen, ehe ich es wahrnehmen konnte: »Deine Augen sahen mich schon, ehe ich geboren wurde« (Ps. 139,16). Und so weiß ich auch jetzt: »Meine Seele hängt an Dir, Deine rechte Hand hält mich« (Ps. 63,9).

Ich habe gelernt zu sagen: Du bist mein Gott, der Du mich tröstest in Angst (Ps. 22,11; 4,2). So hoffe ich, dass ich es auch in der letzten Angst sagen kann:

> Wenn mir gleich Leib und Seele verschmachtet,
> so bist Du doch, Gott, allezeit
> meines Herzens Trost und mein Teil. (Ps. 73,26)

»Der echte Glaube spricht: Ich weiß nichts vom Tod, aber ich weiß, daß Gott die Ewigkeit ist«, schreibt Martin Buber, »und ich weiß dies noch, daß er mein Gott ist« (ebda.). Mein Gott und mein Teil: So gehe ich am Ende meines Lebens der Begegnung mit seinem Ursprung entgegen; das ist »des Todes Tod«. Ist das eine Illusion? Doch ist es nicht viel mehr illusionär zu meinen, ich könnte dieser Begegnung ausweichen? Wo soll ich hingehen vor Deinem Angesicht?

Die Gewissheit dieser Begegnung könnte mich trösten. Über dem Weg dahin aber liegt die dunkle Wolke meiner Schuld. Wer bin ich, dass ich meine, ich könnte mich der Begegnung mit Gott getrösten? Wie viel bin ich schuldig geblieben! Wie habe ich immer wieder versäumt, mein Leben ganz aus seinem tröstlichen Ursprung zu leben, wie weit bin ich immer wieder hinter dem zurückgeblieben, was meinem Leben als Verheißung mitgegeben war! Bin ich nicht immer wieder gescheitert? Wie, wenn mein Tod nichts anderes wäre als ein letztes Scheitern, die Quittung für alles, was ich schuldig geblieben bin?

> Mitten in dem Tod anficht
> uns der Hölle Rachen!

Mit diesen Worten hat Luther eine alte Todesklage zu einem Lied weitergedichtet und sie aus seiner eigenen Erfahrung vertieft. Die Angst vor diesem Zuschanden werden – das ist eigentlich die Hölle, der Tod im Tode. Woran soll ich mich da noch halten? Gibt es irgendetwas, das ich dieser letzten Verzweiflung entgegensetzen kann?

Das Bekenntnis sagt mir vor, woran ich mich halten soll: Was mir am Ende bevorsteht, ist nicht das »Grauen des Nichtseins«, von dem Victor Klemperer spricht; mir wird »Vergebung der Sünden« entgegenkommen. Im Angesicht des Todes kann ich ermessen, wie schwer diese Worte wiegen. Wir wären verloren, gäbe es nicht diese Hoffnung. Sie sagt: Wir werden am Ende nicht zuschanden, sondern mit offenen Armen aufgenommen wie der heimkehrende Sohn in dem Gleichnis (Lk. 15,20).

Kann ich diese Hoffnung lernen? Ich lerne sie nicht, indem ich mich mit düsteren Gedanken auf den Tod einstelle und ihnen mehr und mehr die Herrschaft über mein Leben überlasse. Ich muss sie anders lernen: zuerst meine Seele erinnern an all das Gute, das sie täglich empfängt, so wie es am Anfang des 103. Psalms steht. Welche Ignoranz wäre das, die Fülle des Lebens und des Segens, die mich täglich umgibt, nicht wahrnehmen zu wollen: Vergiss nicht, was er Dir Gutes getan hat! (Ps. 103,2)

Dann bleibt auch die »Vergebung der Sünden« nicht mehr ein leeres Wort. An jedem Tag kann ich lernen, es mehr und tiefer mit Erfahrung zu füllen. Denn zu dem, was er mir »Gutes getan hat« (Ps. 103,2) und immer wieder tut, gehört auch die täglich erfahrene Chance des immer wieder neuen Anfanges, die Lösung von den Folgen meiner Fehlhaltungen und Fehler. Wenn ich für alles, worin ich schuldig geworden und was ich schuldig geblieben bin, die Rechnung bekommen hätte – es wäre schon längst mit mir vorbei.

Die Geschichte von der Sintflut erzählt von Gottes Trauer und Zorn: Die Erde war so voll von Gewalt und Frevel, dass Gott ihr Ende beschlossen hatte (1. Mose 6,13). Der gegenwärtige Zustand unserer Erde drängt die Frage auf, ob nicht schon eine neue Sintflut unabwendbar heraufzieht. Doch die biblische Erzählung führt zu einem ganz unerwartet versöhnlichen Schluss: Am Ende steht der Regenbogen in den Wolken als Zeichen eines unlöslichen Bundes Gottes mit seiner Erde, »dass hinfort keine Sintflut mehr komme« (9,15), obwohl er weiß, dass »das Dichten und Trachten des menschlichen Herzens böse ist von Jugend auf« (8,21). In der Taufe ist mir die Geschichte der Sintflut leibhaftig zugeeignet, wie ein Sterben und Auferstehen, ein Auftauchen aus dem schon vollzogenen Untergang. Die Taufe ist mehr als nur ein Bad der Reinigung: Wer getauft ist, hat die Sintflut hinter sich und vor sich nur noch die Zusage der Treue und Güte Gottes. »Baptizatus sum« schrieb Luther mit Kreide vor sich auf den Tisch, um in den furiosen politischen und theologischen Wirren nicht aus dem Auge zu verlieren, was allein ihm festen Halt geben konnte: Ich bin getauft – und das heißt: Ich bin bis zuletzt der Vergebung gewiss.

Das lässt der Psalm meine Seele lernen: Er erinnert (»vergiss nicht!«) an Gott, »der dir all deine Sünde vergibt« und der so »dein Leben vom Verderben erlöst« (103,3f.). Von dieser Vergebung leben alle, auch unsere Gesellschaft, ja die ganze Menschheit: Es ist fast unbegreiflich, dass die Erde sie nach allen sinnlosen Zerstörungen noch immer trägt; doch

> des Herrn Güte ists,
> dass wir nicht gar aus sind,
> seine Barmherzigkeit hat noch kein Ende,
> sondern sie ist alle Morgen neu (Klgl. 3,22).

In der Vergebung der Sünden geht es um Tod oder Leben; Vergebung heißt Leben. Die Gesellschaft spielt uns das Lied vom Tod; in der Gemeinschaft der Heiligen singen wir ihnen zum Trotz das Lied vom Leben.

3.4 Auferstehung der Toten

An dieser Stelle ist von unserer Auferstehung die Rede. Damit ist nicht leicht umzugehen. Wir wissen, dass wir es hier mit dem Kern christlicher Hoffnung zu tun haben, doch in die Welt, in der wir leben, ragt sie oft seltsam fremd hinein. Viel schwerer umzugehen ist mit den emotionalen Fragen, den Gegenargumenten der Seele: Unsere Auferstehung, übersetzt in vorstellbare Bilder, kann geradezu zum Alptraum werden.

Schon in den Streitgesprächen der Evangelien wird mit der Absurdität solcher Vorstellungen scharf argumentiert, etwa in der sog. Sadduzäerfrage (Mk. 12,18–27 parr.): Was wird aus der Frau, die pflichtgemäß nacheinander mit sieben Brüdern verheiratet war – wie sollen sie sich in der Auferstehung miteinander arrangieren?

Der Nobelpreisträger Imre Kertész, selbst ein Überlebender von Auschwitz, bekennt in seiner autobiografischen Novelle »Das Protokoll«, dass er sich »mit dem Gedanken einer Auferstehung ... bis zum heutigen Tage nicht befreunden« könne, und zitiert dazu Marat: »Dann will ich gar nicht erst sterben!« (S. 15).
Die frühen Christen, denen wir die Formulierungen unseres Bekenntnisses verdanken, haben in der Hoffnung auf die Auferstehung die einzig realistische Antwort auf die Hoffnungslosigkeit dieser Welt gesehen. Doch für uns ist sie noch zu weit entfernt von der alltäglich erfahrenen Wirklichkeit.

> In meinem Land gibt man sich alle mühe
> den tod zu übersehen
> und die auferstehung koste es was es wolle
> zu vermeiden –

schrieb Dorothee Sölle. Sind wir dadurch blind geworden? Offenbar sind da noch andere Gründe im Spiel als nur die Schwierigkeiten unseres Verstandes mit einer alten Überlieferung: Widerstände, ja Verweigerung. Wir sind nicht nur blind, wir sind auch taub. Wir haben nicht nur mit dem Problem der beschränkten Wahrnehmung zu tun, sondern auch mit dem der Verdrängung.

3.4.1 Versöhnung mit dem Tod

Aus der letzten Begegnung mit Dorothee Sölle ist mir die Warnung nachgegangen, dass die Auferstehungshoffnung auch missbraucht werden kann, um der Todeserfahrung auszuweichen. »Auch der Tod gehört zur guten Schöpfung«, stand in ihrem Brief, »das Kommen wie das Gehen, das Werden und das Vergehen.« Als die theologisch wichtigste Aufgabe angesichts des Sterbens sah sie die Versöhnung mit dem Tod. Daran hat sie bis zuletzt gearbeitet.
Sie zögert, in den Triumph einzustimmen, der die Auferstehung als Überwindung des Todes preist. Darf die Auferstehungshoffnung dazu helfen, den Tod zu bagatellisieren? Das ist nicht Paulus vorzuwerfen; er hat dem Tod ja nicht nur einmal ins Angesicht geschaut. Doch was er authentisch davon niederschrieb, war vor späterem Missbrauch nicht geschützt. Ich kann nicht daran vorbei, dass mir mit meinem Leben von Gott auch sein Ende mitgegeben ist, die Notwendigkeit, zuletzt alles aus der Hand zu geben und dieses schöne Haus meines Lebens wieder zu verlassen.
Was aber kann dann heißen: Versöhnung mit dem Tod? Es heißt – mit

einem Wort Luthers – »das tiefe heimliche Ja Gottes unter dem Nein« zu begreifen. So menschenfreundlich versteht er selbst den Tod. Er fordert nicht blinde Unterwerfung, sondern im Gegenteil: waches Bewusstsein, geschärfte Wahrnehmung, damit ich das große umfassende Ja Gottes begreifen kann, auch im Tode.

Geschärfte Wahrnehmung: Die kann ich lernen. Zunächst kann ich entdecken: Der Tod widerfährt mir nicht nur als Gericht über menschlichen Wahn. Der Tod hilft mir, das Leben anders wahrzunehmen. So wie der Gedanke an den Abschied mich das Glück der Gegenwart erst recht begreifen lässt, so lässt mich erst der Tod die Einzigartigkeit dieses Lebens, die Unwiederholbarkeit jeder Stunde, die Einmaligkeit jedes Menschen begreifen.

Der Tod ist den Menschen von Gott auferlegt, unausweichlich allen, nicht als eine Aufgabe zur Bewältigung, sondern als eine letzte Chance des Lernens: die Grenzen menschlicher Macht zu begreifen, die Grenzen des Bewältigens. Erst daran lernen wir Menschlichkeit. Mit dem Tod widerfährt mir eine Begegnung, die mich zwingt, das Leben menschlich wahrzunehmen, nicht als Besitz, sondern als gegeben und geschenkt. Am Ende meines Lebens wird offenbar, dass ich es empfangen habe und nun wieder zurückgeben muss. Wo das verdrängt wird oder so beflissen geleugnet, wie es jetzt unter uns in oft schon bizarren Formen geschieht, ist der Boden bereitet für jede Unmenschlichkeit.

Dorothee Sölle sah in dem Umgang der Theologen mit der Auferstehung häufig eine Ungeduld am Werke, die den entscheidenden Schritt, mein Leben wieder in Gottes Hand zurückzugeben, überspringen möchte. »Wir möchten lieber überkleidet und nicht nackt erfunden werden«, so schrieb schon Paulus (2Kor 5,2f.). Franz von Assisi ist ihm darin nicht gefolgt: In seinem Sonnengesang hat er den Tod mit allen anderen Geschöpfen Gottes als seine große Schwester gegrüßt und gesegnet. Er erwartete zuletzt den Tod, von Krankheit gequält, doch nach seinem Wunsch mit wachen Sinnen – und nackt. Die Brüder hatten Mühe, ihn darin zu verstehen. Er aber wollte dem Tod angemessen begegnen.

Matthias Claudius hat in einer Zeit, die ganz anders gestimmt war, die Versöhnung mit dem Tod in wenigen Zeilen festgehalten, die dann bei Franz Schubert zu unvergänglich schöner Musik geworden sind:

> Gib deine Hand, du schön und zart Gebild!
> Bin Freund, und komme nicht, zu strafen.
> Sei gutes Muts! ich bin nicht wild,
> Sollst sanft in meinen Armen schlafen.

Dorothee Sölle hat, wie eine Variation dieses Themas »Der Tod und das

Mädchen«, ihre Antworten an den Tod in einem Gedicht »Vor dem Tanz« niedergeschrieben (loben ohne zu lügen, Berlin 2000, S. 58). Immer wieder hat sie ihn fortgeschickt, bis es nicht mehr geht:

> … let it be sag ich dann
> ich bin auch nur ein blatt das fällt
> Vom großen baum
> den du nicht gepflanzt hast
> der dir nicht gehört
> so wenig wie mir.

Zum Sterben sagt sie Ja, zu dem allumfassenden Herrschaftsanspruch des Todes sagt sie Nein. Es sind Worte des Prometheus, nun aber dem Tod ins Gesicht gesagt. Von dieser Tapferkeit kann ich lernen. Es stünde mir gut an, nach einem so erfüllten Leben nicht so viel Aufhebens von meinem Sterben zu machen. Die wachsende Müdigkeit, manchmal schon Erschöpfung, bereitet den Weg dafür.

Doch das kann nicht das letzte Wort sein: der großen Müdigkeit einfach nachzugeben. Die Liebe bestreitet dem Tod seinen Anspruch auf das letzte Wort. Und sie hat dafür einen festen Bezugspunkt: das tiefe Ja Gottes. Das allerdings muss ich selbst entdeckt und erfahren haben, das muss ich begriffen und mir so deutlich vergegenwärtigt haben, dass ich mich auch dann noch daran festhalten kann, wenn es zum Sterben kommt.

Für die Reformatoren war dieses Ja Gottes nirgendwo sonst so anschaulich wie in Jesus Christus. Das hat sich auch in Kirchenliedern eindrücklich niedergeschlagen, nicht nur als gereimte Dogmatik, sondern in Sätzen tiefer Verbundenheit:

> Herr, wenn mich wird die lange Nacht bedecken
> und in die Ruh des tiefen Grabes stecken,
> so blicke mich mit deinen Augen an,
> daraus ich Licht im Tode nehmen kann (EG 476).

Ist uns diese Unmittelbarkeit abhanden gekommen? Jesus ist uns nach Zeiten der freundlichen Verharmlosung als der Mann der unbedingten Forderung vorgestellt worden, er ist zu einem unerbittlichen Mahner geworden, vor dem ich mich nur noch schämen kann. Auch von dieser tödlichen Einseitigkeit müssen wir wieder frei werden. In den Evangelien begegnet er uns zuweilen wohl auch zornig, doch vor allem tröstend, Mut machend, einladend mit geöffneten Händen wie Barlachs Lehrender Christus in Güstrow. So könnten auch wir aus seinem Anblick, aus seinen Worten Licht im Tode nehmen.

Ich weiß doch: Was im Sterben für mich noch reden und mich tragen soll, muss in meiner Erinnerung fest verankert und ganz unmittelbar zugänglich sein. Das große Ja Gottes auch dann noch wahrzunehmen, wenn mir die Sinne schwinden – lässt sich so etwas lernen?
In früheren Zeiten, in denen Krieg, Hunger und die Pest den Tod auf einmal wieder in die unmittelbare Nachbarschaft der alltäglichen Erfahrungen rückten, gab es eine umfangreiche Literatur, um die Kunst des Sterbens zu erlernen, die ars moriendi. Sie erwuchs aus einem sehr menschlichen Bestreben: den Tod nicht zu verdrängen und ihm dennoch in Würde zu begegnen.
Dietrich Bonhoeffer aber sieht diese Bemühungen sehr kritisch: als den Versuch, »mit dem Sterben fertig zu werden«. Die Kunst, mit Fassung dem Tod zu begegnen, lässt sich lernen. Doch wird sich die Angst wirklich bewältigen lassen, wenn es auf das Ende zugeht? Und um welchen Preis?
Ich könnte versuchen, die Schmerzen zu verringern, so dass ich sie ertragen kann; doch was heißt das? Ich weiß ja doch: Im Tod wartet ein Abschied von allem, was ich liebe, ein Abschiedsschmerz von noch unbekannter Tiefe. Das ist wie ein heraufziehender Taifun, dessen Vorboten mich schon jetzt manchmal schütteln. Was wird dann noch standhalten? Doch ich will nicht mein Leben lang ängstlich daran arbeiten, mich gegen diesen letzten Ansturm zu sichern. Das hieße doch, alle Türen und Fenster zu verschließen.
Der Schmerz des Abschieds kommt aus der Liebe; wollte ich ihn vermeiden, so müsste ich die Liebe zurücknehmen, mir die ganz große Liebe ganz abgewöhnen, die Leidenschaft beizeiten mindern. Am besten würde ich überhaupt nicht mehr mein Herz an Irdisches hängen. Aber will ich das denn? Gerät so nicht das ganze Leben schon in den Schatten des Todes? Wenn das unausweichlich ist, um mich auf das Sterben vorzubereiten: nur noch mit begrenzter Liebe, mit gemäßigter Freude zu leben, keine ganze Hingabe mehr zu wagen – bin ich dann lebendig nicht schon tot? Soll etwa das die Kunst sein, mich auf das Sterben vorzubereiten?
Mit einem so schweren Abschied beginnt in der Bibel die Geschichte der großen Verheißung, mit dem Aufbruch Abrahams: »Geh fort aus deiner Heimat und von deiner Verwandtschaft und aus deinem Elternhaus – in ein Land, das ich dir zeigen will« (Gen. 12,1). Fortzugehen aus allem, was mir Heimat ist – das heißt sterben. Ich begreife immer mehr, wie ich in meinem Leben zu Hause bin, in meinem Alltag: Jeder Schritt, jeder Handgriff sagt es mir. Das alles verlassen zu müssen, fortzugehen ins Ungewisse – wie werde ich das bestehen?
Dietrich Bonhoeffer gesteht seinem Freund in einem Brief im Advent 1943 aus der Haft: »Ich habe ein paarmal in meinem Leben das Heim-

weh kennen gelernt; es gibt keinen schlimmeren Schmerz ...« (188). Von dort vertrieben zu werden, wo ich zu Hause bin – auch diese Angst ist Todesangst. Als Kind habe ich das zweimal erlebt, und noch heute ist es, als ob sich meine Seele bei jedem Abschied daran erinnert. Was für ein Heimweh müssen alte Menschen oft auf dem letzten Wegstück ihres Lebens aushalten!
Bonhoeffer, in seinem theologischen Denken zunächst ganz auf Christus konzentriert, findet unter diesen Erfahrungen von Sehnsucht und Heimweh noch ein anderes Netz, das ihn auffängt: die Erinnerung an Erfahrungen von Güte und Geborgenheit. Das schlägt sich in seinen Briefen an mehreren Stellen nieder, besonders ergreifend in dem Gedicht: Vergangenheit. Die Tür ist ins Schloss gefallen, die Zeit des Besuches und Gespräches endgültig vergangen; und in diesem Sturm der Verzweiflung über die Endgültigkeit des Abschieds findet er Trost in einer unerwarteten Erfahrung:

> und ich erfahre aufs neue:
> Sieh, das Vergangene kehrt dir zurück
> als deines Lebens lebendigstes Stück – (WE 353)

Solche Erfahrungen lassen ihn auch dem Tod getrost entgegensehen: »Ich glaube,« schreibt er im Dezember 1943 aus seiner Haft in dem von Bombenangriffen heftig heimgesuchten Berlin, »wir sollen Gott in unserem Leben und in dem, was er uns an Gutem gibt, so lieben und solches Vertrauen zu ihm fassen, dass wir, wenn die Zeit kommt und da ist, – aber wirklich erst dann! – auch mit Liebe, Vertrauen und Freude zu ihm gehen« (189).
Das ist sein Weg, das Sterben zu lernen. Ars moriendi ist die Kunst, mit dem Sterben fertig zu werden, doch wird mit dem Erlernen dieser Kunst nicht das ganze Leben unter das Gesetz des Todes gestellt? Bonhoeffer dagegen rückt noch das Sterben in das Licht des Lebens: »mit Liebe, Vertrauen und Freude zu ihm gehen« – das ist das Ziel.
Zu ihm zu gehen in dem Vertrauen, dass ich die Geborgenheit, aus der ich jetzt vertrieben werde, dort wiederfinde, wo ich sie in den Zeiten der Angst ja doch immer schon gesucht und gefunden habe; und dieses Vertrauen zu bewahren, was auch geschieht: Das kann ich an den Psalmen lernen. Wie oft erfahre ich das: »Deine Hand hält mich fest.« Es gilt, auch dort noch, an der äußersten Grenze

> Und nähme ich Flügel der Morgenröte
> und bliebe am äußersten Meer,
> so würde auch dort deine Hand mich halten
> und deine Rechte mich leiten.

> Ja: Spräche ich: Finsternis möge mich decken,
> so muss die Nacht auch licht um mich sein,
> denn auch Finsternis nicht finster ist bei Dir (Ps. 139,9–12).

»Bei Dir« – das ist der Inbegriff der Geborgenheit, aus welcher Perspektive ich es auch wahrnehme. Der Name Gottes spricht die Zusage aus: Ich bin da!, die im Tode so gewiss gilt, wie Gottes Wirklichkeit größer ist als die des Todes. Mit dieser Zusage bleibt er unsere Zuflucht für und für (Ps. 90,1). Auch in dem finsteren Tal, das der hebräische Psalm deutlicher noch den »Schatten des Todes« nennt, muss ich nicht erschrecken, weil ich weiß: Du bist bei mir (Ps. 23,4).
In den Psalmen finde ich Worte, an denen ich mich festhalten kann, noch in der Stunde des Sterbens, auch dann, wenn mir alles unter den Füßen wegbricht, was bisher verlässlich schien. Sie erinnern mich an all das Gute, das ich bisher erfahren habe, an alles Glück, alle Liebe, aber auch an die Geborgenheit, in der ich die Zeiten der Angst bestehen konnte: »Du hältst mir den Kopf hoch« (Ps. 3,4).
Ich weiß nichts anderes, das mich im Angesicht des Todes so verlässlich tragen und halten kann wie das Vertrauen, das in den Psalmen seine Sprache gefunden hat. Es ist gewachsen aus Erfahrungen der Bewahrung inmitten des Grauens, der *schoa* (Ps. 35,17). Die Worte der Psalmen »verkündigen, wie der Herr verlässlich ist, mein Fels, und ist kein Schwanken bei ihm« (Ps. 92,16). Ich bin nicht sicher, dass sie mich am Ende wirklich »vor Angst behüten« werden (Ps. 32,7), aber ich weiß, sie sind mir gegeben, damit sie mich durch die Angst geleiten, auch durch die letzte Angst. Wohin? Einem neuen Morgen entgegen?

3.4.2 In ein Land, das ich dir zeigen werde

Mit dem Wort »auferweckt« öffnet das Neue Testament diese Perspektive. Auch nach dem Sterben wartet ein neuer Morgen auf mich, er wird sein wie das Aufwachen aus tiefer Bewusstlosigkeit. Die Schmerzen und die Fieberträume fallen ab, die schwere Verwirrung der Nacht muss weichen, und alles, was ich nun höre und sehe, vielleicht noch wie durch das Rauschen großer Wasser (Offb. 14,2), wird zu mir sagen: Fürchte dich nicht. Ich bin da. Wird es dann so sein, dass ich »Gottes Angesicht schaue« (Ps. 42,3)?
Sterben heißt: alles verlassen, in dem ich zu Hause bin, fortzugehen ins Unbekannte – und dennoch geht der Weg nicht ins Ungewisse, sondern »in ein Land, das ich dir zeigen werde.« Zu der Vorbereitung auf den Tod gehört auch diese Perspektive. Bonhoeffer sieht uns »mit Liebe, Vertrauen und Freude zu ihm gehen«. Mit Liebe: das heißt ohne Angst

vor dieser Begegnung. Mit Vertrauen – das meint: »das Land, das ich dir zeigen werde« – es ist ja ein uns noch ganz unbekanntes Land – wird nicht kalt und fremd sein, sondern uns heimatlich umfangen, mehr noch, als diese schöne Erde es vermochte; wohin Er uns führt, da wird auch Leben sein und Gemeinschaft, und so werden wir auch mit Freude dahin gehen.

All unsere Vorstellungen sind unzulänglich; alle Bilder, die wir verwenden, weisen über sich hinaus. So geht auch das Vertrauen, das ich an den Psalmen gelernt habe, über meinen Tod hinaus, auf einen neuen Anfang. Ich habe begriffen, wie sehr die Hoffnung an diesem Leben hängt: Gottes Nähe und Güte in dem Geschenk des Lebens hier zu erfahren, sie »noch im Lande der Lebendigen zu schauen« (Psalm 27,13). Doch die Hoffnung der Psalmen begnügt sich nicht damit. Sie weiß: Deine Güte ist mehr noch als Leben (Psalm 63,4).

Was kann das sein: mehr noch als Leben? Leben ist ja nicht nur überwältigend schön und gut, sondern oft auch zermürbend ambivalent, bleibend unerfüllt in seinem großen Hunger und Durst. Dass sich am Ende diese Ambivalenz wandelt in die Eindeutigkeit eines großen Ja, dass Sehnsucht und Hunger und Durst erfüllt und gestillt werden: Diese Hoffnung, die aus dem Leben selbst wächst und doch über das Leben immer wieder hinausgeht, gehört zu den festen Brückenpfeilern auf diesem letzten schwierigen Wegstück. Sie hat in sehr unterschiedlichen Formen ganz unmittelbar Ausdruck gefunden:

Der 73. Psalm findet anfangs Worte für die tief verletzende Erfahrung der großen Ungerechtigkeit, spricht dann vom Verschmachten von Leib und Seele und mündet schließlich in Worten letzten Vertrauens:

> Wenn mir auch Leib und Seele verschmachtet,
> so bist Du doch, Gott, allezeit
> meines Herzens Trost und mein Teil.
> Du leitest mich nach Deinem Rat
> und nimmst mich am Ende mit Ehren an (Ps. 73,26.24)

In Bachs Kantate »Wachet auf! ruft uns die Stimme« bedient sich die Hoffnung der Worte des Hohen Liedes; sie streckt sich aus, voller Sehnsucht, ihrer Erfüllung entgegen: Wann kommst du?, und vernimmt die Antwort: Ich komme! Und die erwartete Erfüllung verwandelt die Sehnsucht schon jetzt in das große Glück der Erwartung:

> Auf meiner Linken sollst du ruhn
> und meine Rechte soll dich küssen!

So sieht die Sehnsucht der Erfüllung all dessen entgegen, was im irdischen Leben ungelöst, unvollkommen, abgebrochen, nur ein Fragment blieb, unerfüllt:

Zion hört die Wächter singen,
das Herz tut ihr von Freuden springen,
sie wachet und steht eilend auf:
Ihr Licht wird hell, ihr Stern geht auf! (Philipp Nicolai, EG 147,2)

Gott in unserem Leben und in dem, was er uns an Gutem gibt, so zu lieben lernen, dass noch das Sterben in das volle Licht des Lebens hineingeholt wird – so könnte der Weg zum Sterben erfüllt sein von Dankbarkeit in Erinnerung an all das Gute, das ich erfahren habe, und von Freude in der Erwartung der großen Güte, die »mehr noch als Leben« ist (Ps. 63,4) und erfüllen wird, was ungelöst blieb.
Mein Weg dahin könnte sogar, wenn die Todesangst und die Sorge und der Abschiedsschmerz schweigen, von Jesus zum Schweigen gebracht wie in der Geschichte vom Sturm auf dem See (Mt. 8,26), von der getrosten Erwartung getragen sein, all das dort wiederzufinden, was ich hergeben musste. »Ich bring alles wieder« – mit den Worten des Christuskindes in dem Weihnachtslied von Paul Gerhardt tröstet Bonhoeffer sich und den Freund in dem gleichen Brief über den Schmerz um die ihnen auferlegten Trennungen und die Entbehrungen:

Lasset fahrn o lieben Brüder,
was euch quält.
Was euch fehlt:
Ich bring alles wieder! (WE 190; EG 36,5)

Damit haben wir eine neue Seite aufgeschlagen: Es ist etwas anderes, wie meine Seele mit ihrer eigenen Angst vor dem Sterben umzugehen lernt (oder nicht lernen will) oder wie ich damit umgehen soll, dass der Tod Menschen wegnimmt, die geliebt wurden, und all die Hoffnungen zerstört, die sie hatten und andere für sie; wie er all unserer Fürsorge eine harte Grenze setzt. Ich erfahre den Tod und die Todesangst ja gar nicht zuerst im Blick auf meinen Tod, sondern als Angst und Trauer um andere geliebte Menschen. Ich denke an den großen Schmerz in Rückerts Kindertotenliedern:

Sie sind uns nur vorausgegangen
und werden nicht wieder nach Haus verlangen!

Er hat die geliebten Kinder abgeben müssen in eine andere Geborgenheit:

Sie ruhn als wie in der Mutter Haus,
Von keinem Sturme erschrecket,
Von Gottes Hand bedecket.

Aber das allein kann den Schmerz nicht trösten. Wo die Liebe so tief verwundet ist, tröstet nur noch die Hoffnung, dass doch noch einmal neues gemeinsames Leben beginnt, aber wie? Und wo?:

O sei nicht bang, der Tag ist schön!
Wir holen sie ein auf jenen Höhn
im Sonnenschein!
Der Tag ist schön
auf jenen Höhn!

Wonach ich frage, das ist solch eine Hoffnung, die nicht nur mein eigenes Sterben auffängt, sondern auch meine Liebe, eine Hoffnung für die Menschen, an denen mein Herz hängt, und für diese Erde, an der mein Herz auch sehr hängt, eine Verheißung, die auch für sie dem Tod nicht das letzte Wort lässt.
Und das erst ist die Frage, auf die mir die Auferstehungshoffnung antwortet. Im Blick auf meinen eigenen Tod kann mich das Vertrauen trösten, dass mein Weg nicht ins Ungewisse geht. Doch wo meine Liebe in den Schatten des Todes gerät, wird es ohne das Licht der Auferstehung trostlos finster. Ich muss mir die Auferstehung ja gar nicht vorstellen können, aber die Liebe will nicht zulassen, dass die geliebten Toten mit all ihren Hoffnungen aus meinem Leben verschwinden; die Liebe lebt in der Hoffnung. »Die Liebe ist stark wie der Tod«, heißt es im Hohen Lied. Wenn sie es doch wäre – ja, stärker noch als der Tod! Ist das nur unser Wunsch, oder gehört es zu dem, was wir »wirklich glauben, so dass wir mit unserem Leben daran hängen«?

3.4.3 »alles Fleisch miteinander«

»Auferstehung der Toten« sagen wir jetzt anstelle der alten härteren Formulierung: carnis resurrectionem – Auferstehung des Fleisches. Die Korrektur erschien notwendig, der alte überlieferte Text dem modernen Menschen nicht mehr zumutbar. Doch ist der Satz dadurch einfacher geworden? Hat sich nicht noch mehr verändert als nur die Klangfarbe? Ist nicht auch etwas verloren gegangen?
Die Unterstellung, dass in der ursprünglichen Formulierung ein naiver Realismus am Werke war, bleibt unter dem Niveau des Textes. Das Wagnis, in einer völlig undurchsichtigen gesellschaftlichen Umbruchsituation eine neue Hoffnung überzeugend und glaubwürdig zu formulie-

ren, verlangt eine sorgfältige, auf äußerste Genauigkeit bedachte Wortwahl. Wir haben schon an anderen Stellen gesehen, dass in diesem Bekenntnis jedes Wort bedacht so und nicht anders gewählt ist.

Wir müssen dazu wissen: Die beanstandete Formulierung ist nicht erst heute anstößig, sie war es schon damals, dem zeitgenössischen Empfinden ganz zuwider: Das Fleisch wurde zwar gern genossen, durchaus auch ausschweifend, in philosophischen und religiösen Gesprächen aber als etwas Minderwertiges verächtlich behandelt. So haben wir es hier offenbar mit einem absichtsvoll eingefügten Widerhaken zu tun. Es kann nicht gut sein, ihn zu entfernen.

Hören wir genauer hin. Was verbinden wir mit der Wendung: Auferstehung der Toten? Was verändert sich, wenn wir stattdessen sagen: Auferstehung des Fleisches?

Auferstehung der Toten: Ich muss an Friedhöfe denken, auch an die vielen Gräber am Abhang des Ölberges, dazu an die Bilder alter Meister, auf denen die Toten verwundert aus ihren Gräbern steigen, und an schreckliche Bilder des Jüngsten Gerichts: Das ist nicht die belebende Hoffnung, nach der ich suche, sondern eher ein Alptraum. Tote, die mir in ihrem Leben nahe waren, sind mir auch jetzt in meinem Leben gegenwärtig; aber es gibt auch Menschen, die anderen so zur Last wurden, dass ihr Tod eine Befreiung war: Zwingt die Auferstehung sie nun alle wieder zusammen?

Die Gegenprobe – Auferstehung des Fleisches: Ich denke zuerst an mein Fleisch, meine Anfälligkeit, meine Verletzlichkeit, meine Begrenztheit, an manche Beschwerden und Mängel – das alles soll auferstehen? Ich kann das trotzig behaupten, doch der Trotz allein ist noch kein Boden für eine Hoffnung, die standhalten soll, auch wenn es hart kommt. Was aber soll ich sonst für Hoffnungen mit dem Wort Fleisch verbinden?

Mir fallen biblische Sätze ein, zuerst das harte Wort des Paulus, dass »in meinem Fleisch wohnt nichts Gutes« (Röm. 7,18), aber dann auch andere Worte aus der Hebräischen Bibel: »Alles Fleisch ist wie Gras« (Jes. 40,6), doch das ist keine Definition, sondern die Klage über die Vergänglichkeit all seiner Schönheit und Herrlichkeit (Ps. 103,15). Der Prophet Hesekiel wartet darauf, dass Gott den Menschen statt ihrer Herzen aus Stein wieder »ein Herz aus Fleisch geben« wird (Hes. 36,26), und in der Pfingstgeschichte sieht Lukas diese alte Verheißung erfüllt: »Ich will meinen Geist ausgießen über alles Fleisch« (Joel 3,1; Apg. 2,17).

Ich muss an die Schöpfungsgeschichte denken, in der Adam, als Gott ihm die Frau zuführt, von Freude überwältigt wird: »Das endlich ist nun Fleisch von meinem Fleisch!« (1. Mose 2,23). Da ist nichts mehr zu hören von der Verachtung des Fleisches, sondern im Fleisch lebt Liebe und Menschlichkeit, es ist Träger des Lebens und seiner Verheißung, ja, »alles Fleisch« wird zum Empfänger der Offenbarung und des neuen Geistes:

Am Anfang des zweiten Jesajabuches steht die Vision von der Rückkehr der Verbannten nach Jerusalem: ein Wunder Gottes, der in der Wüste Quellen aufbrechen lässt; in der Dürre neues Leben, der in der Wildnis einen Weg bahnt. Am Anfang steht die große Verheißung »Tröstet mein Volk!«, und am Ende der Vision nimmt die ganze Welt Anteil an dieser neuen Zuwendung Gottes: »Alles Fleisch miteinander wird es sehen!« (Jes. 40,5)

Der Satz ist in seiner ungeheuren inneren Spannung durch Auslegung kaum auszuschöpfen. Alles Fleisch miteinander: Das ist die ganze atmende leidende Kreatur, der Vergänglichkeit unterworfen, wie auch mit ihr der Mensch. »Was soll ich denn predigen?« hatte der Prophet in seiner tiefen Depression gefragt und sich erinnert an den erlittenen Zusammenbruch:

> Alles Fleisch ist ja doch nur wie Gras

Und die Antwort bestätigt:

> Ja, Gras ist das Volk.

Es bleibt dabei: So hinfällig und vergänglich wie das Gras sind die Menschen, mit allem, was sie planen und bauen, heute noch blühend und morgen verwelkt und verdorrt; das sagt das Wort: Fleisch. Aber ihnen gilt nun das belebende Wort Gottes, das die Zeiten überdauert und Grenzen sprengt und den Verzagten wieder die Augen öffnet: Alles Fleisch miteinander wird es sehen.

Die Bibel weiß durchaus auch anderes vom »Fleisch« zu sagen: von dem Hochmut des Menschen, der seine Vergänglichkeit verdrängt, von dem eitlen Pochen auf die Kraft der Schenkel, auf militärische Stärke und die Macht des Reichtums und dem unweigerlich darauf folgenden Absturz und Zusammenbruch. Doch der biblische Grundsinn des Wortes Fleisch ist frei von dem Beiklang des Lüsternen, Sündigen, Verwerflichen. »Meine Seele dürstet nach dir, mein Fleisch verlangt nach dir«, so beginnt der 63. Psalm, »aus einem trockenen und dürren Land, wo kein Wasser ist«. (Die Revision hat aus Luthers ursprünglicher Übersetzung das Wort Fleisch getilgt.) Hier ist das Fleisch also nicht (wie später bei Paulus) wider Gott, sondern es dürstet und verlangt nach Gott.

Das Fleisch ist das Gefäß für das von Gott geschenkte Leben; das freilich gehört untrennbar zusammen mit der schmerzlichen Erfahrung seiner Vergänglichkeit.

Nur wo diese Erfahrung bewahrt wird, das Bewusstsein, Fleisch zu sein, mit Leben begabt, doch der Vergänglichkeit unterworfen, darin verbunden mit allen Menschen und auch mit den Tieren, bewahrt der Mensch seine Menschlichkeit. Die abschätzigen Wertungen dagegen, die wir mit dem Wort »Fleisch« verbinden und derer wir uns kaum erwehren können, hängen mit ganz andern Erfahrungen zusammen als der der Vergänglichkeit. Sie stammen nicht aus der biblischen Tradition, sondern aus der Welterfahrung der Spätantike.

Dort finden sich in der Zeit des Neuen Testaments in Texten aus ganz unterschiedlichen Kreisen (auch etwa in den Texten der Qumran-Gemeinschaft) auf einmal Äußerungen tiefen Abscheus gegen alles Fleischliche. Zu den sich in vielerlei Formen und Gruppen entwickelnden Heilslehren gehört ein Selbstbewusstsein, das die Eingeweihten verächtlich auf all die anderen herabsehen lässt, die »fleischlich« sind und nur ihrem Fleisch folgen. So musste Paulus wohl oder übel diesen Sprachgebrauch übernehmen, wenn er sich in den hellenistischen Gemeinden überhaupt verständlich machen wollte.
In der Hebräischen Bibel selbst ist diese negative Sicht nur angedeutet. Sie kommt dort zur Sprache, wo Menschen ihr Vertrauen auf »das Fleisch« setzen, so etwa in der prophetischen Kritik des Jeremia an einer wahnwitzigen Politik militärischer Stärke:

> Verflucht der Mann,
> der sich auf Menschen verläßt
> und hält Fleisch für seine Stärke! (Jer 17,5)

Noch anderes hat Paulus in der aus den Fugen geratenen Gesellschaft der spätantiken Städte vor Augen. Denn die ist offenbar in ihrem irrationalen Verhältnis zum »Fleisch« der unseren durchaus ähnlich. Überhöhung und Erniedrigung des menschlichen Körpers gehen damals wie heute Hand in Hand. Menschliches Fleisch als Symbol sportlicher Hochleistung und sexueller Attraktivität genießt höchste Verehrung; doch die Kehrseite ist die bedenkenlose Erniedrigung und Ausbeutung des Körpers, auch des eigenen (1Kor. 6,19). Dabei ist die fast schon kultische Verehrung des menschlichen Körpers von seiner zynischen Verachtung oft kaum noch zu unterscheiden.

Die Bibel verwendet das Wort »Fleisch«, um vom Menschen realistisch zu reden. Doch das ist ein anderer Realismus als der des geläufig gewordenen Zynismus, ein Realismus, in dem Liebe und Schmerz gleichermaßen ihren Ort und ihre Würde haben und der meine Selbsterfahrung einfügt in das große Netz alles Lebendigen. Und alles Lebendige ist verbunden in dem großen Atem der Sehnsucht und Hoffnung; die ganze Schöpfung, schreibt Paulus (Röm. 8,19–22), wartet mit uns drauf, dass endlich die wahren Kinder Gottes offenbar werden: »alles Fleisch miteinander wird es sehen.«
Und so redet das Bekenntnis hier von der Auferstehungshoffnung nicht in der beschränkten Perspektive auf den Tod des einzelnen Menschen, sondern in einem Atem mit der ganzen auf die Erlösung harrenden Schöpfung. Das Wort Fleisch stellt uns unüberhörbar in diesen großen Zusammenhang; das ist der tröstliche Sinn dieses Widerhakens, der zunächst so störend erschien.
In diesem Sinne aber ist die alte Formulierung eindeutiger als die neue:

Jetzt geht es auch nicht mehr nur um die Auferstehung der Toten, sondern um die Auferstehung alles Lebendigen. Das Bekenntnis widersteht auch hier der verbreiteten Sehnsucht, endlich erlöst zu werden von den Fesseln des Fleisches, befreit aus dem Gefängnis dieses irdischen Lebens. Die »Auferstehung des Fleisches« ist eingebettet in das Leben einer neuen Schöpfung, in »das Leben der zukünftigen Welt« (so die Formulierung des Nicaenums).
So muss ich am Ende begreifen, dass ich mich mit der Frage nach meinem eigenen Sterben nicht auf dem Weg befinde, auf dem mir die Hoffnung auf die Auferstehung entgegenkommt. Für mein eigenes Sterben ist es genug, wenn ich sagen kann:

> so bist Du doch, Gott, allezeit meines Herzens Trost
> und mein Teil (Ps. 73,26).

Mehr kann ich für mich selbst nicht erwarten, und was brauche ich mehr? Doch es genügt mir nicht mehr für die, die ich liebe, nahe und ferne. Es hilft mir schon nicht mehr beim Umgang mit den täglichen Nachrichten des Elends aus aller Welt. Was soll denn werden aus den Tränen derer, die niemand tröstet? Aus den verlorenen Kindern? Aus all den Opfern sinnloser Gewalt? Aus denen, die jede Hoffnung verloren haben? Und was wird aus dieser wunderbaren Erde, die uns trägt, so wie schon viele Generationen vor uns, in deren Gesicht wir mit Erschrecken immer neue tiefere Verletzungen wahrnehmen?
Was das Bekenntnis von der Auferstehung sagt, antwortet nicht zuerst auf die schmerzlichen Fragen *meines* Sterbens, sondern auf diese Fragen. Seine Hoffnung steht in einem weltweiten, »ökumenischen« Horizont. Und diese Hoffnung bleibt der Erde treu, in einer Intensität, die auch wir erst wieder lernen müssen.

3.4.4 Gottes Wort – »Fleisch geworden«

Die Gewalttäter gewinnen ihre Macht durch die Drohung mit dem Tod. Der Tod schafft endgültige Fakten, das macht die Drohung so erschreckend. Was hat es für einen Sinn, im Nachhinein gegen diese Fakten zu protestieren? Die Toten werden dadurch nicht wieder lebendig und die toten Wälder auch nicht. Woher nehmen wir da noch Hoffnung für diese Erde? Hat die Hoffnung, für die Jesus gelebt hat, überhaupt noch Chancen?
Doch Jesus hat gewusst, was er sagte, als er seine unbescheidene Hoffnung für die Erde in die so ganz anderen irdischen Verhältnisse hineinschrieb. Er kannte die Faszination der Gewalt und die Macht des Todes

und der Todesangst, die die Gewalttäter perfekt zu instrumentalisieren wissen und die sie auch ihn am Ende voll auskosten ließen.

Seine unbeirrbare Hoffnung muss einen Grund haben, der auch durch Gewalt, Sterben und Tod nicht aufgelöst wird. Die Bergpredigt nennt ihn: Er baut auf die täglich wahrgenommene Güte Gottes und auf seine unerschöpfliche schöpferische Macht. Ohne sie wäre die Hoffnung auf Gottes Reich nur ein ohnmächtiges Aufbegehren gegen die Übermacht des Todes in der Hand der Gewalttäter.

Doch der Schöpfer gibt nicht preis, was er geschaffen hat. Seine Antwort lässt noch aus dem Tod neues Leben erstehen und aus der wachsenden Verwüstung der Erde die zukünftige neue Welt. Die kommt nicht schlagartig; sie wächst aus dem Leiden und Hoffen wie die neue Ernte aus der Saat. »Die mit Tränen säen, werden mit Freuden ernten« (Ps. 126,5), auch wenn sie jetzt »hingehen und weinen«. Die neue Welt, auf die wir hoffen, in der die Hungernden satt und die Trauernden getröstet werden, bleibt mit der alten verbunden wie die Ernte mit der mühsamen Aussaat.

Aus diesem Vertrauen leben die Gleichnisse: Die Gewissheit, dass die Saat aufgeht, kommt nicht aus der Anschauung der – wie wir wissen sehr verletzlichen und anfälligen – Natur; das Gleichnis schildert ja schonungslos alle Risiken, denen die Aussaat ausgesetzt ist (Mk. 4,1ff). Dass am Ende doch die Ernte so reich ist, bleibt das Wunder der überlegenen Treue Gottes.

Mit diesem Vertrauen weiß er selbst die tief Verletzten und Verlorenen zurückzuholen in ein neues Leben voller Hoffnung. Es wäre nur eine sehr begrenzte Hoffnung, wäre darin nicht schon die Gewissheit gegenwärtig, dass diese Hoffnung auch über den Tod hinausgeht; ohne diese Gewissheit gäbe es die Hoffnung der Seligpreisungen nicht.

Diese Hoffnung lebt davon, dass Gott schon immer wieder geantwortet hat, schöpferisch, so dass Neues entstehen konnte. Davon zeugt Israels Geschichte. Als eine letzte eindringliche Antwort Gottes angesichts der Blindheit und Verlorenheit der Menschen begreift das Johannesevangelium die Sendung Jesu, die am Anfang mit den Worten beschrieben wird: Und das Wort ward Fleisch! (Joh. 1,14)

Das wird von dem Wort gesagt, das tröstend, belebend, neue Hoffnung weckend zu uns kommt. Es ist das gleiche Wort, sagt der Evangelist, das schon am Anfang war, durch das alles geschaffen ist und in dem das Leben ist, das Licht der Menschen (Joh. 1,1ff). In Jesus können wir dieses Wort mit Händen greifen, es ist Fleisch geworden, leibhaftig zu sehen und zu hören, zu spüren und anzurühren, aber auch ausgeliefert – der Gewalt und dem Hass, der Angst und dem Tod. Die Welt lebt von diesem Wort, doch die Welt hat es nicht begriffen.

Die wenigen Worte am Anfang des Johannesevangeliums sind ganz einfach und zugleich von ungeheurer Tragweite, sie umfassen Anfang und

Ende der Welt. Nirgendwo sonst wird mit diesem Gewicht und mit einer solchen Verheißung vom Fleisch gesprochen. Das Fleisch, in der Schöpfung zum irdenen Gefäß des Lebens bestimmt, von den Menschen immer wieder verkannt und missbraucht, erhält seine Würde zurück, Träger des Lebens zu sein. Das geschieht im bewussten Kontrast zu damals wie heute moderner Religiosität: Von Anfang an geht es im Johannesevangelium um den tiefen Gegensatz zwischen seiner Hoffnung, die aus dem biblischen Schöpfungsglauben erwachsen ist, und Erlösungshoffnungen der Gesellschaft ringsum, die zwischen Verachtung und Anbetung des Fleisches hin und her schwanken.

Dass das Wort »Fleisch geworden« ist, ist in seiner Bedeutungsfülle kaum auszuschöpfen; die Theologie hat sich hart daran abgearbeitet. Darin sind all die Erfahrungen präsent, die in der Hebräischen Bibel mit Gottes Wort und mit dem »Fleisch« verbunden werden. Daran kann später das Apostolikum anknüpfen, wenn es – in der gleichen Konfrontation, für seine Umwelt nicht weniger skandalös – nun sogar von der »Auferstehung des Fleisches« spricht. Denn das »Fleisch« ist hier für Gottes tröstendes schöpferisches Wort nicht eine Verkleidung, die es wieder ablegen wird, sondern es bleibt das Medium, in dem wir die unbeirrbare Treue Gottes erfahren. Gott redet seit jeher nicht anders zu uns als so menschlich. In Jesus wird vollends sichtbar und greifbar, wie fest und endgültig Gott mit seiner Schöpfung verbunden ist.

Deshalb soll uns die Hoffnung auf die Auferstehung von dieser Liebe zum Leben und zur Erde nicht entfernen. Auch das hat Dietrich Bonhoeffer neu ausgesprochen: »Nur wenn man das Leben und die Erde so liebt«, schreibt er, »dass mit ihr alles verloren und zu Ende zu sein scheint, darf man an die Auferstehung der Toten und eine neue Welt glauben« (175). Das sagt er nicht als Forderung oder Verbot, sondern wie eine Wiederentdeckung: Nur so ist die Brücke zu finden, die wirklich trägt, von der Liebe zur Erde hier hinüber in die zukünftige Welt.

»Ich habe in den letzten Jahren mehr und mehr die tiefe Diesseitigkeit des Christentums kennen und verstehen gelernt«, schreibt er in einem Brief, der nach dem Scheitern des Attentats auf Hitler schon den Charakter eines Vermächtnisses hat; »und ich erfahre es bis zur Stunde, dass man erst in der vollen Diesseitigkeit des Lebens glauben lernt« (401). Schon vorher haben ihn diese Gedanken immer wieder bewegt: »Ist nicht die Gerechtigkeit und das Reich Gottes der Mittelpunkt von allem? ... Nicht um das Jenseits, sondern um diese Welt, wie sie geschaffen, erhalten, in Gesetze gefaßt, versöhnt und erneuert wird, geht es doch. Was über diese Welt hinaus ist, will im Evangelium für diese Welt da sein« (312).

Die Auffassung des Christentums als einer »Erlösungsreligion« begreift er dagegen als ein fundamentales Missverständnis, denn: »Das Schwergewicht fällt nun auf das Jenseits der Todesgrenze. Und eben hierin sehe ich den Fehler und die Gefahr. Erlösung heißt nun Erlösung … in einem besseren Jenseits. Sollte dies aber wirklich das Wesentliche der Christusverkündigung der Evangelien und des Paulus sein? Ich bestreite das. Die christliche Auferstehungshoffnung unterscheidet sich von der mythologischen darin, daß sie den Menschen in ganz neuer und gegenüber dem Alten Testament noch verschärfter Weise an sein Leben auf der Erde verweist. Der Christ hat nicht wie die Gläubigen der Erlösungsmythen aus den irdischen Aufgaben und Schwierigkeiten immer noch eine letzte Ausflucht ins Ewige …« (WE 369). Unter Diesseitigkeit aber versteht er, so grenzt er es in dem anfangs zitierten Brief ein, »nicht die platte und banale Diesseitigkeit der Aufgeklärten, der Betriebsamen, der Bequemen oder der Lasziven, sondern die tiefe Diesseitigkeit, … in der die Erkenntnis des Todes und der Auferstehung immer gegenwärtig ist, meine ich« (401).

Das eigene Profil der Bibel wird gerade darin erkennbar, dass sie konsequent auf diesem Weg der Diesseitigkeit geblieben ist und sich nicht auf den Weg der Erlösungsreligionen drängen ließ, die ringsum blühten. Die Psalmen sind erfüllt von einer so leidenschaftlichen Liebe zum Leben und einer so bitteren Klage über den Tod und seine Schatten, dass es von hier aus keine Brücke zu einer Religion gibt, die das wahre Leben erst jenseits des Todes erwartet: Israel sähe darin eine Rückkehr zu den Göttern der Sklaverei, den »Gräueln Ägyptens«.

Auch das Neue Testament verwandelt die Hoffnung Israels nicht in den Jenseitsglauben einer Erlösungsreligion, sondern bleibt dem biblischen Ansatz treu. Jesus besiegelt ihn mit dem Satz: Gott ist nicht ein Gott der Toten, sondern der Lebendigen (Mt. 22,32). Bonhoeffer hat mit der Entdeckung der »Diesseitigkeit« die genuin biblische Spannung eines Glaubens beschrieben, der dem irdischen Leben seinen einzigartigen Glanz bewahrt und in seiner Hoffnung dennoch nicht an der Todesgrenze innehält.

»Wenn man völlig darauf verzichtet hat, aus sich selbst etwas zu machen – sei es einen Heiligen oder einen bekehrten Sünder … – und dies nenne ich Diesseitigkeit, nämlich in der Fülle der Aufgaben, Fragen, Erfolge und Misserfolge, Erfahrungen und Ratlosigkeiten leben, – dann wirft man sich Gott ganz in die Arme, dann nimmt man nicht mehr die eigenen Leiden, sondern die Leiden Gottes in der Welt ernst, dann wacht man mit Christus in Gethsemane, und ich denke, das ist Glaube … und so wird man ein Mensch, ein Christ« (401f).

3.4.5 Eine neue Welt

»Nicht von der ars moriendi, sondern von der Auferstehung Christi her kann ein neuer reinigender Wind in die gegenwärtige Welt wehen«,

schrieb Bonhoeffer seinem Freund im Frühjahr 1944 im Blick auf das bevorstehende Osterfest. Wie die Auferstehung die Welt verwandeln kann, hat er schon vorher in den Skizzen zu seiner Ethik andeutend beschrieben:
»Wo der Tod das letzte ist, dort ist das irdische Leben alles oder nichts. Das Trotzen auf irdische Ewigkeiten gehört dann zusammen mit einem leichtfertigen Spiel mit dem Leben, krampfhafte Lebensbejahung mit gleichgültiger Lebensverachtung. Nichts verrät die Vergötzung des Todes deutlicher, als wenn eine Zeit für die Ewigkeit zu bauen beansprucht und doch in ihr das Leben nichts gilt, wenn man große Worte spricht über einen neuen Menschen, eine neue Welt, eine neue Gesellschaft, die heraufgeführt werden soll, und wenn dieses Neue alles nur in einer Vernichtung dieses vorhandenen Lebens besteht« (Ethik S. 83f.).
Wer die Zeit des Dritten Reiches noch erlebt hat, erkennt ihre Konturen in Bonhoeffers Beschreibung: Die Sucht, für die Ewigkeit zu bauen, in den Plänen eines Albert Speer für Nürnberg und Berlin; die grauenhafte Spur der Vernichtung, die dieses »tausendjährige Reich« in nur zwölf Jahren gelegt hat, in dem »das Leben nichts galt«, während die Propaganda »das Leben« mit einer geradezu kultischen Verehrung bedachte.
Wie sich dieser Anspruch auf Ewigkeiten mit einem »leichtfertigen Spiel mit dem Leben« verbindet, machen mir die letzten Zeilen eines Hitlerjugend-Hymnus offenbar, den ich noch heute im Ohr habe. Er begann mit der banalen Zeile »Unsre Fahne flattert uns voran« und endete:

> Unsre Fahne ist die neue Zeit,
> und die Fahne führt uns in die Ewigkeit:
> Ja die Fahne ist mehr als der Tod!

Solche abgrundtief verlogenen Sätze wurden doch bitter ernst geglaubt, gerade von den Kindersoldaten, die am Ende des Krieges als letztes Aufgebot ins Feuer geschickt wurden. Ich gehörte zu ihnen und erinnere mich, wie schmerzhaft und langwierig das Erwachen danach war: zu begreifen, dass hinter der von uns geforderten Opferbereitschaft in Wahrheit nichts stand als die »gleichgültige Lebensverachtung«, die Bonhoeffer als Indiz der Todesvergötzung begriff.
Bonhoeffer hat sie unmittelbar vor Augen in der Ideologie und dem Gebaren der Funktionäre der nationalsozialistischen Herrschaft. In dem, was sie tun, und in der unbegreiflichen Bereitschaft der Massen, ihnen zu folgen, erkennt er einen kollektiven Wahn, in dem sie alle gefangen sind und der sie zu tödlichen Zwangshandlungen treibt. Diesen kollektiven Wahn beschreibt Bonhoeffer als »Todesvergötzung«.
Doch was Bonhoeffer scharfsichtig als Todesvergötzung beschreibt, ist offenbar nicht nur das Charakteristikum jener zwölf Jahre. Überall stoßen

wir auf die Spuren von Gewalttätern, die mit der Endgültigkeit des Todes Macht ausüben und unwiderruflich Fakten schaffen. Ratlos stehen wir vor der blutigen Spur spektakulärer Selbstmordattentate, die das so euphorisch begrüßte Zeitalter der Globalisierung wie sein Schatten begleiten.

»Todesvergötzung« sieht Bonhoeffer dort am Werk, »wo der Tod das letzte ist«. Er meint damit aber nicht die weltanschauliche Entscheidung des Atheismus. Er selbst hat ja in seiner Haft mit zunehmendem Nachdruck von der Entdeckung der »tiefen Diesseitigkeit des Glaubens« und der Notwendigkeit eines religionslosen Christentums gesprochen. Doch wo sich die »leichtfertige Lebensverachtung« mit der pathetischen Beschwörung von Ewigkeiten verbindet, ist immer »der Tod das letzte«, die letzte Wirklichkeit, die letzte wirksame Motivation.

»Alles erraffen oder alles wegwerfen«, so schrieb Bonhoeffer, »ist die Haltung dessen, der fanatisch an den Tod glaubt.« Das Wort »fanatisch« entlehnt Bonhoeffer der Sprache des Dritten Reiches; da war es ein positives Wort, geradezu ein Erziehungsziel. Heute wird Fanatismus nur noch im Umfeld der terroristischen Attentäter vermerkt, nicht in den alltäglichen Verhaltensstrukturen einer zivilen Gesellschaft. Doch lassen wir uns hier nicht täuschen: Es gibt Indizien für einen unmenschlichen Fanatismus, der mehr und mehr die Geschicke der Menschheit bestimmt. Das klingt ungeheuerlich, doch wenn wir auf die globalen Zusammenhänge sehen, gibt es unbegreifliche bestürzende Vorgänge. Die Welternährungsorganisation berichtet, dass zugleich mit dem Reichtum auch der Hunger in der Welt weiter ansteigt. Zur Zeit hungern 842 Millionen Menschen. Als Gründe dafür werden nicht nur Kriege und Seuchen genannt, sondern entscheidend sei der »fehlende politische Wille« der reichen Länder, wirksam zu helfen.

Über Afrika bricht eine Aids-Katastrophe von unvorstellbaren Ausmaßen herein, die in wenigen Jahren zwanzig Millionen von Kindern zu Aids-Waisen machen wird. Doch die rettenden Medikamente bleiben dort unerschwinglich, weil die Pharma-Industrie sie nicht für eine kostengünstige Nachahmung freigibt. Die Gesetze des Geldes sind unerbittlich wie der Tod. Doch wer hat ihnen zu dieser absoluten Herrschaft über Leben und Tod der Menschen verholfen?

Die Ideologen des Dritten Reiches nahmen sich das Recht, nach den Gesetzen der Rasse und der »Erbgesundheit« zu definieren, was lebenswert und was »lebensunwertes Leben« war, und entsprechend zu selektieren. Das erfüllt uns noch heute mit Grauen. Doch vollzieht sich in der Weltgesellschaft in der immer weiter auseinander gehenden Schere von Reich und Arm nicht stillschweigend eine ähnlich energische Selektion von lebensunwertem Leben?

Bonhoeffers Analyse trifft die Strukturen unserer Gesellschaft bestürzend genau. Das Gesetz des »Alles erraffen oder alles wegwerfen«

herrscht auch im militärischen Kräftespiel. Was uns bei der Entdeckung der wahnwitzigen atomaren Überrüstung einst so erschrecken ließ – die Bereitschaft der Atommächte, im Falle ihrer Bedrohung gegebenenfalls die ganze Menschheit auszulöschen –, ist ja nur die einfache Anwendung dieses Grundgesetzes: Alles oder Nichts. Bis heute spricht jeder nukleare Sprengkopf unwiderleglich diese Sprache.

In was für einen irrsinnigen Totentanz sind die Regierungen da verstrickt. Durch ihre Wähler? Aber die sind doch nur Gefangene der Medien. Und die wieder nur die ihrer Konsumenten. Wer hält hier das Zepter hoch? Die Todesangst schlägt ganze Gesellschaften in ihren Bann. Die beflissene Verdrängung des Todes zeigt die Angst nur noch deutlicher; und so, aus dem Unbewussten heraus, agiert er umso zwingender. Wodurch nur kann dieser Wahn und Zwang gebrochen werden?

Bonhoeffers Antwort hieß: »... von der Auferstehung Christi her kann ein neuer Wind in dieser Welt wehen« (270). Denn: »Das Wunder der Auferstehung Christi hebt die Vergötzung des Todes, wie sie unter uns herrscht, aus den Angeln. Wo der Tod das Letzte ist, dort verbindet sich die Furcht vor ihm mit dem Trotz. Wo der Tod das Letzte ist, dort ist das irdische Leben alles oder nichts.« Und er fährt fort: »Wo aber erkannt wird, daß die Macht des Todes gebrochen ist, wo das Wunder der Auferstehung und des neuen Lebens mitten in die Todeswelt hineinleuchtet, dort verlangt man vom Leben nicht alles oder nichts, sondern Gutes und Böses, Wichtiges und Unwichtiges, Freude und Schmerz, dort hält man das Leben nicht krampfhaft fest, aber man wirft es auch nicht leichtfertig fort, dort begnügt man sich mit der bemessenen Zeit und spricht nicht irdischen Dingen Ewigkeit zu« (Ethik 79)

»Eine andere Welt ist möglich«, heißt die Losung der jugendlichen Protestbewegung gegen die tödlichen Folgen der vom Geld gesteuerten Globalisierung. Das ist ein Satz aus dem Geiste der Tora und der Propheten und auch der Hoffnung Jesu. Bonhoeffers Sätze lesen sich wie eine Beschreibung dieser anderen Welt. Eine andere Welt ist möglich, wenn wir aus dem Schatten der Todesvergötzung heraustreten.

Wer je an solchen Protesten beteiligt war, weiß, wie schwer diese Arbeit ist. Erdrückende Ohnmachtserfahrungen warten ringsum, und die Energie zum Durchhalten regeneriert sich nicht selbst. Der Protest endet in tiefer bitterer Resignation, wenn ihm nicht etwas entgegenkommt von der erhofften neuen Wirklichkeit, nicht nur als Verheißung, sondern spürbar als Veränderung der Gegenwart.

So begreift Bonhoeffer die Auferstehung: Sie befreit aus diesem Rausch des Todes: Jetzt nimmt die Verheißung Gestalt an, das »Land, das ich dir zeigen werde«, gewinnt Konturen, die »andere Welt« ist nicht nur möglich, sondern schon wirklich, und wer »wirklichkeitsgemäß« handeln will – für Bonhoeffer die Grundlage aller Ethik (221ff) –, darf dafür nicht blind sein; er darf die Wirklichkeit der Auferstehung nicht mehr außer Acht lassen. Und damit verändert sich auch die gesellschaftliche Wirklichkeit von Grund auf, so dass endlich dem kollektiven Wahn der »Todesvergötzung« ein Ende bereitet werden kann.

Bonhoeffer verhilft uns dazu, die Auferstehung anders wahrzunehmen: Sie ist nicht mehr das Unerhörte, Unbegreifliche, dem wir nur mit Mühe am Rande unserer Erfahrungen einen Ort einzuräumen wissen, sondern wir entdecken: Die ganze Schöpfung redet von der Auferstehung und wartet auf die Auferstehung. Sie ist das natürliche, der Schöpfung gemäße, ihr von ihrem Schöpfer so gesetzte Ziel; und sie erst ermöglicht in dieser vom Wahnsinn gezeichneten Welt die Rückkehr zu einem wirklichen, in seiner Einmaligkeit begriffenen Leben.

Und wenn der Tod nicht das Letzte ist? Wohin führt dann der Weg?

» – in ein Land, das ich dir zeigen werde.« Das verwehrt uns, im Voraus zu beschreiben, was uns dort erwartet. Was immer wir sagen: Es sind Sätze der Sehnsucht und des Vertrauens.

3.5 und ewiges Leben

Was für ein Kunstwerk des Schöpfers ist das Leben auf dieser Erde! Doch wie wird es sein, wenn er »dein Leben vom Verderben erlöst« (Ps. 103,4)? Vielleicht ist es wie ein Same, der neu keimt. Und soll unser Leben noch einmal aufblühen, dann nicht mehr im Schatten der Flüchtigkeit, in der wir hier unsere Jahre zubringen »wie ein Geschwätz« (Ps. 90), dass sie

> dahinfahren wie ein Strom,
> wie ein Schlaf, wie ein Gras,
> das am Morgen blüht und sprosst
> und am Abend welkt und verdorrt

sondern neu und befreit zu einem unzerstörbaren – das Bekenntnis sagt: Ewigen Leben.

Was für ein Dreiklang am Ende des Bekenntnisses: Vergebung, Auferstehung, Leben! Unzerstörbares Leben, das nicht mehr am Morgen blüht und am Abend welkt, das nicht mehr überschattet ist von der täglichen Angst, das nicht mehr dahinfährt wie ein flüchtiger Traum, unvergängliches Leben – das ist das »Land, das ich dir zeigen werde«.

Es ist kein Zufall, dass uns bei dem Versuch, uns diese Perspektive zu öffnen, immer wieder Sätze mit der Wendung »nicht mehr« unterlaufen. Ein Leben nicht mehr unter den schweren Schatten der Vergänglichkeit, ein Leben ohne Angst – aber wäre das noch Leben? Eine Blüte, die nicht mehr welkt? Wir kommen mit der Phantasie unseres Vorstellens schnell

ans Ende, vollends bei dem Versuch, das Andere zu formulieren. Dabei drängt sich ein gefährliches Wort auf: das der »Ewigkeit«.
Gefährlich sind die Konnotationen: Die Ewigkeit erscheint mir nicht wie eine Verheißung zum Leben, sondern eher wie eine kalte Hand, unter der alles Leben erstarrt. Johann Rist, der Dichterkönig aus Altona, mit vielen Liedern noch heute im Gesangbuch gegenwärtig, hat die Last dieses Wortes in wenigen Zeilen sehr genau beschrieben:

> O Ewigkeit du Donnerwort
> o Anfang sonder Ende!
> O Ewigkeit, Zeit ohne Zeit:
> ich weiß vor lauter Traurigkeit
> nicht wo ich mich hinwende!

Das Wort Ewigkeit kommt zu uns wie ein Bote des Todes: Zeit ohne Zeit, Eiseskälte. Es hilft uns wenig, dass bald darauf ein etwas jüngerer süddeutscher Theologe das Ganze mit einer freundlichen Farbe übermalt hat:

> O Ewigkeit du Freudenwort
> o Anfang sonder Ende:
> O Ewigkeit, Freud ohne Leid
> ich weiß vor Herzensfröhlichkeit
> gar nichts mehr vom Elende! (Kaspar Heunisch)

Wie gehen wir mit dem Wort Ewigkeit um? Marie Luise Kaschnitz hat die Beklommenheit, die davon ausgeht, in einem Gedicht beschrieben, das die Überschrift trägt: Die Ewigkeit

> Sie sagen, dass wir uns im Tode nicht vermissen
> Und nicht begehren. Daß wir, hingegeben
> Der Ewigkeit, mit andern Sinnen leben
> Und also nicht mehr voneinander wissen.
> und Lust und Angst und Sehnsucht nicht verstehen,
> Die zwischen uns ein Leben lang gebrannt,
> Und so wie Fremde uns vorübergehen,
> Gleichgültig Aug dem Auge, Hand der Hand.

Schon das Wenige, das wir von der Ewigkeit ermessen können, rührt sie »eisig an«. Es löscht die Liebe aus und ignoriert die Wärme, die uns hier verband. Ich muss an die abgründige Frage meiner Enkelin denken: »Wenn ich einmal tot bin und im Himmel bin, wie soll ich dann Ingo und Renate wiederfinden? Weiß ich denn dann noch alles, was ich jetzt weiß?« Sie fragt ebenso unbefangen wie genau: Woran soll sie uns er-

kennen, wenn in der Ewigkeit alles Irdische keinen Raum mehr hat? Hat dann auch unsre Liebe zueinander keinen Raum mehr dort?
Ewigkeit und Leben erscheinen als unvereinbare Gegensätze, solange wir vom Begriff der Ewigkeit aus denken. Das Bekenntnis aber geht vom Leben aus, nicht vom Begriff der Ewigkeit. Das zeigen noch seine letzten Worte: Hier wird – grammatisch eindeutig, doch für abstrakte Logik ungeheuerlich – die Ewigkeit dem Leben untergeordnet: credo vitam aeternam. Das Leben – vita – ist das Hauptwort, und die Ewigkeit wird ihm als Adjektiv mitgegeben: Ewiges Leben heißt zuerst Leben, und dann: nicht mehr im Schatten der Vergänglichkeit.
Doch wie sollen wir uns das vorstellen – Licht ohne Schatten, Zeit ohne Ende, Leben ohne Tod? Auch unser Vorstellen kommt hier an seine Grenzen, und wo wir sie überschreiten, wird daraus die tödlich eisige oder die endlos langweilige Ewigkeit. Was vor mir liegt, jenseits der Grenze meines Todes, bleibt »ein Land, das ich dir zeigen werde«. Ich kenne es noch nicht, ich kenne nur die Hand dessen, der es mir zeigen will.
So redet die Sprache der Hoffnung. Aus dem Abstand ist sie manchmal gar nicht zu verstehen. Doch wer starke Schmerzen hat, hofft inständig auf den Augenblick, da sie endlich aufhören und Ruhe geben; wer unter dem Schmerz der Trennung leidet, denkt mit aller Sehnsucht an den Augenblick des Wiedersehens und nicht darüber hinaus; und wer mitten im Leben tief erschrocken ist über den Tod – media vita in morte sumus! –, kann nur noch auf ein Leben hoffen, das endlich nicht mehr im Schatten des Todes steht, auf ein Leben ohne diese Last ständiger letzter Abschiede, ein Leben mit einer anderen Perspektive am Ende als nur den Tod. – Von solchen Schmerzen tief verletzt, sagt die Hoffnung: »Er wird den Tod verschlingen auf ewig!« (Jes. 25,8) und fragt nicht mehr, wie das Leben dann weitergehen soll. Jetzt gilt nur noch dies: »Und der Tod wird nicht mehr sein, noch Leid noch Geschrei noch Schmerz wird mehr sein, denn das Erste ist vergangen!« (Offb. 21,4)
Solche Worte versteht nur, wer diesen Schmerz kennt. Alle Sehnsucht richtet sich auf den Augenblick der Erlösung:

> Kein Aug' hat je gespürt,
> kein Ohr hat je gehört
> solche Freude!
> Des jauchzen wir und singen Dir
> das Halleluja für und für!

singt Philipp Nicolai; und der ersehnte Augenblick dehnt sich zum Für und für: Das ist wirklich Leben, Leben in Ewigkeit!
So zeigt uns das Bekenntnis an seinem Ende noch einmal, wie weit der Glaube davon entfernt ist, für alle Fragen Antworten zu haben. Er gibt

uns mehr offene Fragen als Antworten mit auf den Weg, und oft unterscheidet er sich vom Unglauben nur eben dadurch, dass er noch Fragen stellt, wo andere längst aufgehört haben zu fragen. Und so wird ganz zuletzt, an den Grenzen unseres Lebens und Vorstellens, sehr deutlich, dass das Herzstück des Glaubens kein Wissen ist, sondern ganz und gar Vertrauen, das aber nicht blind ist, sondern in vielen Erfahrungen gelernt hat, schärfer und tiefer zu sehen und deutlicher zu unterscheiden.

»Wir sollen Gott in unserem Leben und in dem, was er uns an Gutem gibt, so lieben und solches Vertrauen zu ihm fassen, dass wir dann wenn es Zeit ist – aber wirklich erst dann! – auch mit Liebe, Vertrauen und Freude zu ihm gehen«, schrieb Bonhoeffer (189). So weisen die letzten Worte des Bekenntnisses wieder zurück auf die ersten. Für das Vertrauen der letzten Schritte brauchen wir das der ersten Schritte, die wir am Anfang gelernt haben.

»Wir selbst sind wieder ganz auf die Anfänge des Verstehens zurückgeworfen«, schrieb Bonhoeffer ein halbes Jahr danach (327). Bei den Anfängen unseres Verstehens holt uns das Bekenntnis ab. Wir wissen, wir werden damit nicht ans Ende kommen. Doch Sonntag für Sonntag gibt uns der Gottesdienst Raum, den Weg noch einmal zu beginnen – und wir folgen ihm, so weit wir können, und von Mal zu Mal weitet sich der Blick.

146 Seiten
ISBN 3-7887-1318-6

NEUKIRCHENER

WdL 10
Wege des Lernens

NEUKIRCHENER

Ingo Baldermann

Auferstehung sehen lernen

Entdeckendes Lernen an biblischen Hoffnungstexten

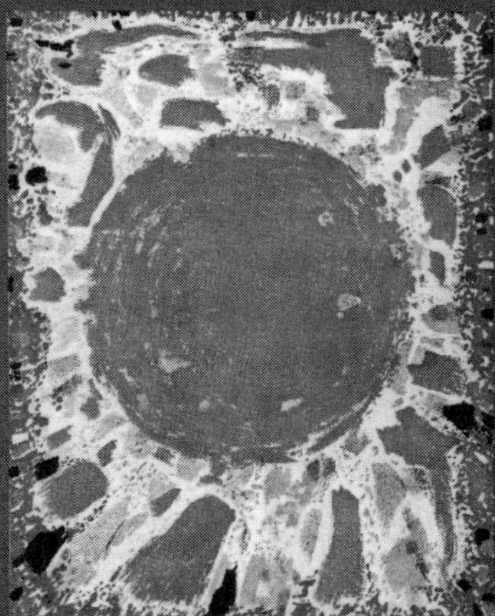

XI, 148 Seiten
ISBN 3-7887-1721-1

NEUKIRCHENER